감성
혹은
감성적인 것들

감성총서 29

감성 혹은 감성적인 것들

인 쇄 | 2021년 5월 11일
발 행 | 2021년 5월 14일

저 자 | 조태성
발행인 | 정성택
발행처 | 전남대학교출판문화원

등록 | 1981. 5. 21. 第53호
주소 | 61186 광주광역시 북구 용봉로 77
전화 | (062) 530-0571~2 마케팅 530-0573
팩스 | (062) 530-0579
홈페이지 | http://www.cnup.co.kr
이메일 | cnup0571@hanmail.net

값 12,000원

ISBN 978-89-6849-812-1 (93810)

이 책은 2018년 정부(교육과학기술부)의 재원으로 한국연구재단의 지원에 의한 것임(2018S1A6A3A01080752).

감성총서 29

조태성

감성 혹은 감성적인 것들

전남대학교출판문화원

책머리에

마치 오랜 세월 어깨에 얹어놓았던 짐을 내려놓는 느낌이다. 2009년 가을쯤부터 계속 고민해왔던 흔적들을 그때마다 짧게나마 정리해둔 글들을 여기에 모았다. 다시 그 고민을 떠올리며, '감성' 혹은 '감성적인 것들'에 대해 생각해보지만, 지금 이 순간도 그 상은 선명치 않다. 생의 화두라도 되는 양 말이다.

이런 단상들은 지난 시절 나의 논문들에 조금씩 풀어 설명되기도 했고, 때론 학술발표문의 원천이 되어주기도 하였다. 그런 까닭에 지난 논문들에 보였던 내용들이 다소 중복되어 여기에 실린 경우도 있다. 약 13년 간의 단상을 정리하려는 이 책의 구성상 그런 부분들을 지우기 힘들었던 까닭이다.

아직 검증받지 못한 진술들도 많다. 스스로 쉽게 풀어쓰려는 의도를 따르다 보니 더러 거친 문장들도 보인다. 그럼에도 불구하고 이 글이 감성인문학을 생각하는 이들에게 함께 고민해보자는 하나의 제안이 되었으면 하는 바람이다.

전남대학교 용봉관에서 저자 씀

목차

제1장 감성의 본질

제2장 감성의 발현

제3장 감성적인 것들

제1장

감성의 본질

왜, 지금 감성인가?

감정感情 혹은 정서情緖라고 불리는 것들, 그래서 뭉뚱그려 감성感性이라고 부르는 것들, 그런데 왜 지금 그러한 것들이어야 하는가? 그것은 감성이 인간의 삶, 특히 현재적 삶의 의미를 되돌아보게 하는 본질적인 매개라고 여겨지기 때문이다. 다시 말해 그러한 것들로 인해 다시금 우리 삶의 본질을 되돌아볼 수 있고, 희미해져 가는 인간성人間性을 찾기 위한 몸부림에 답할 수 있다고 보기 때문이다.

그렇다면 여기서 우리는 그러한 감성 혹은 감성적인 것들이 우리 삶의 질을 어떻게 높일 수 있는가에 주목해야 한다. 그런 과정에서 거기에는 일정한 메커니즘이 존재할 것이며, 그것을 작동하게 하는 기제가 분명히 존재하고 있을 것이라는 추측이 가능할 것이다. 더불어 그 추측의 결과로 감성을 내세울 수도 있게 되는 것이다. 결국 우리는 감성의 메커니즘과 기제의 작동 원리를 탐색해야 하는 것, 그리고 그것을 규명해야 하는 것 등을 감성 연구의 본질로 삼아야 할 것이다.

인지과학에서 감성에 대해 요구하는 것 역시 이와 별반 다를 바 없다. "명시되어 있지 않은 정보와 암묵적으로 인간이 실행하는 적절한 처리, 감정·인상에 동반하는 개인차·상황차를 포함하는 '직감적이고 애매한' 감성 판단 등, 인간의 다양한 정보처리의 본연의 모습에 관심을 가지고, 그 배후에 있는 메커니즘의 검토"[1]를 수행해야 한다는 것이다. 인문학과 인지과학의 사이에서 그 차이가 있다면 이는 '관심의 대상' 정도가 될 수 있겠다. 즉 '정보 처리'에 관심을 두느냐, 아니면 인간의 '마음 구조'에 관심을 두느냐의 차이 정도일 뿐인 것이다.

우리가 특히 '감성'을 주목하고자 하는 것은 그것이 정서나 감정과는 다른 차원의 '마음 구조'라고 여기기 때문이다. 즉, 기왕의 연구 대상이 되어 온 'Emotion'의 번역 용어들과는 다른 개념의 어떤 것으로 본다는 전제를 인정할 수 있다는 것이다. 따라서 우리가 'Emotion'을 감성과 동일한 개념으로서의 주된

1 行場次朗·箱田裕司 編著, 조경덕·남기춘 공역, 『지성과 감성의 심리학』(웅보출판사, 2002), 92쪽.

연구 테마로 삼아 버린다면, '감성 연구'라고 칭하는 통섭 연구들의 의의 자체가 상실되어 버릴 위험이 있다.[2]

왜냐하면 '정서심리학' 등의 학술 용어에서도 볼 수 있듯이 그것과는 다른 어떤 것을 감성으로 지정하고 연구해야 하는 목표 자체가 사라져버리기 때문이다. 또한 그럴 경우 서양의 'Emotion'에 관한 모든 연구가 감성 연구 그 자체였다고 인정해야 하는 상황에 처하게 되는데, 이는 우리가 생각하는 감성 연구와는 별개의 것임을 인지하지 못한 데서 비롯한 심각한 문제가 될 수도 있는 것이다.

게다가 최근 일부 연구자들 사이에서는 '정서=감성'의 등식을 마치 당연하다는 듯이 인정하는 관점에서의 성과를 내어놓고 있다. 이들 연구물에서는 대부분 감정, 정서, 감성이라는 용어를 구분하지 않고 쓰겠다는 연구자의 주관적 판단을 전제하거나 혹은 정서와 감성을 구분하지 않고 문맥에 따라 자연스럽게 혼용하겠다고 당당히 밝히는 모습까지 볼 수 있는 상황이다. 그렇다면 그들은 왜 '마음'에 관련한 그 모든 것들을 '감성'

---

2 이러한 혼란은 용어의 번역에서 비롯한 문제일 가능성이 높다. 따라서 이러한 혼란을 피하기 위해 이 글에서 정의하는 감성에 대한 새로운 영어식 용어를 만들 필요가 있다. 여기에는 여러 가지 대안들이 있을 수 있지만, 기왕의 단어는 모두 피한다는 입장에서, 그리고 한국적 감성을 새롭게 조망한다는 의미에서 감성의 우리식 영어 표현인 'Gamseong'을 사용하는 것도 생각해볼 만한 일이다.

이라고 통일하여 사용하지는 않는가.

결국 이런 식의 담론을 계속 허용한다면 우리가 이 시대에 감성을 이야기하고자 하는 것과 지금까지 이야기되어 온 정서 담론 사이에서 그 어떠한 차이도 말할 수 없게 될 것이다. 이 시대의 감성담론이 무력해질 따름인 것이다. 이러한 이유들로 인해 이것들과 관련한 이전의 연구 성과들을 이 글에서는 더 이상 상관하지 않는다. 감정, 이성, 정서 등에 관한 개별 연구는 이미 필요한 또는 해당하는 전공 영역에서 일정 이상의 연구 성과를 내놓았다고 생각하기 때문이다.

그러나 '감성'에 대하여는 그렇지 않다. 그렇지 않다고 생각한다. 그런 이유로 단순히 '감성'이라는 용어만을 차용한 연구 성과를 이 글에서는 단호히 거부하고자 한다. 물론 필요에 의해 비슷한 개념의 경우는 언급할 수도 있겠으나, 그것 자체마저도 자제하면서, 그에 관해 끊임없이 의문을 제기하고 반론을 기대하는 것이 우리 식의 감성 연구를 시작하는 가장 바람직한 방식으로 여기기 때문이다.

이러한 연구의 시작에 있어 가장 중요한 점은 먼저 감성을 재단하거나 수치화하고, 계량화하려는 의도의 위험성을 감지하여, 그것으로부터 멀찌감치 떨어져 있어야 한다는 사실이다. 감성마저도 과학이라는 미명 아래 그것이 해석되어야 할 그리고 반드시 규명되어야 할 어떤 '사실'이어야 하지는 않다고 보기 때문이다. 감성의 측정이라든지 감성 용어의 분류라든지 하는 연구의 경향들이 대개 이에 해당한다.

특히 이들 연구에서 말하는 연구 대상으로서의 감성은 '감정'이거나 혹은 '정서'이거나 둘 중의 하나에 해당하는 경우가 대부분이다. 물론 그러한 연구 자체가 잘못되었다고 볼 수는 없겠지만, 그에 대한 접근 방식이 잘못된 것만은 분명해 보인다. 학문적으로 과학이 최상위 영역이라는 이상한 자부심이 인문학적인 것들마저도 그런 식으로 해석하려는 가운데 나온 시도들이라고 보기 때문이다.

그래서 현재 말하는 '통섭'은 문제가 있다. 그것은 통섭이 아닌 오히려 '포섭'에 불과하다. 진정한 통섭은 그 어느 것 하나도 하위에 있을 수 없는, 균형적 위치에서 대등하게 주고받는 관계 속에서 형성되어야 한다. 특히 인문학이나 예술이라면 해석이 아닌 창발의 관점에서 이것저것들의 대입과 적용, 충돌, 갈등, 모순 등의 해석과 극복 지점의 모색을 통해 새로운 것을 창조해야 하는 학문이 아닌가. 그런 점에서 본다면 감성 혹은 감성적인 것들은 그런 차원의 세계를 열어 줄 이 시대의 새로운 학문적 화두라고도 할 수 있을 것이다.

'감성의 오독誤讀', 혹은 '조작된 감성' 역시 경계해야 한다. 그러기 위해서는 우선 감성의 집단성보다는 개별성, 혹은 개인적 감성을 먼저 생각해야 할 일이다. '나의 마음'을 추동하는 것이 무엇이었는지, 그래서 발현된 나의 마음 상태는 또한 어떠한 것이었는지 대해 다시금 곱씹어 보아야 한다. 알 수 없는 그러면서도 저항할 수 없는 어떤 힘에 의해 조작된 감성 혹은 감성적인 것들이 '나'를 대신하여 내 마음을 채우지 않았는지, 혹여 그러한 것들이 나로 하여금 이 세계를 불가항력의 어떤 시선으로 인식하도록 하지는 않았는지 세밀하게 관찰해보아야 하는 것이다.

이런 관찰의 과정에서 우선 우리가 찾아서 배제해야 할 것은 '대리 감정'이다. 대리 감정은 감성을 조작하는 가장 일반적인 방식이라고 할 수 있다. 이러한 대리 감정은 주로 미디어 매체에 의해 이루어진다. 대표적인 사례가 지난 5공화국 시절 맹위를 떨쳤던 이른바 '3S 정책'일 것이다. 이러한 정책이 '제대로 먹혔던' 것은 그때부터 본격적인 동력을 얻기 시작한 미디어 매체의 역할에 기인한다고 볼 수 있다.

주지하다시피 3S는 스포츠Sports, 섹스Sex, 영상Screen을 말함이며, 이를 활용한 '국민 우민화 정책'이 바로 '3S 정책'이다. 이것들의 공통점은 '중독'에 있다. 어떤 이들은 이러한 정책의 전제가 국민이 이미 '우민愚民'이었다는 점을 들어, 이제는 우리 국민이 이런 정책에 휘둘릴 만큼 어리석지 않다는 측면에서 강하게 부정하기도 한다. 그리고 이러한 현상이 단순한 일상 탈출에 불과한 일회성 면모를 가진다는 측면에서 아예 무시해버리기도 한다.

그러나 이런 현상에서 보다 중요한 관점은 그것이 감정의 중독, 그것도 대리 감정의 중독을 의도적으로 조장한다는 데에 있음을 인지해야 한다는 것이다. 의도적으로 오도된 감정을 미디어 매체를 통해 지속·반복하여 수용하게 함으로써 마치 그것이 참 감정인 양 인식되는 과정을 거치게 하여 중독에 이르게 하는 것이다. 이러한 중독이 문제가 되는 것은 그것이 중독임을 스스로는 인지하지 못한다는 점 때문이다.

이러한 중독성은 치자治者들이 대리 감정 등을 통해 감성의 조작을 끊임없이 시도하는 이유와도 맞닿아 있다. 즉, 의도된 감성 조작은 권력욕의 성취를 위한 수단이요, 대리 감정의 중독은 그 수단을 무기화하여 빼어낸 노획물인 셈이다. 언론의 의도적 오도뿐만 아니라 소위 말하는 '막장 드라마' 등도 역시 같은 사례에 해당한다고 볼 수 있다. 그런데 우리는 그것이 중독임을 그것도 타의에 의한 강한 중독임을 전혀 깨닫지 못하고 있는 상황인 것이다.

결국 감정의 중독 혹은 중독성의 문제는 조작된 감성을 활용하려는 치자들의 권력욕으로부터 비롯되었다고도 할 수 있겠다. 또한 현대 사회의 구조와 체제, 그리고 문화에서 파생할 수밖에 없는 스트레스, 사회로부터 지워져가는 개인의 존재와 그 나약함, 또한 그로부터 벗어날 수 없게 하는 삶의 사회적

악순환 구조는 우리가 왜 지금 감성을 이야기해야 하는 지를 단적으로 보여주는 현상적 사례라고 할 수 있다. 즉 대리 감정의 반복과 지속으로 인한 감정의 중독에서 헤어나지 못하고, 오히려 더욱 깊은 중독으로 떨어지는 지금의 현상을 목도하면서도 침묵하는 주체의 감성에 반성을 촉구해야 하는 상황인 것이다.

침묵하는 주체의 감성은 감성의 조작이 타자가 아닌 주체의 내부에서도 이루어질 수 있다는 사실을 함의한다. 주체들은 종종 자신들도 모르게 모든 이성적인 것들에 의해 '느끼거나', '인식되는 것'들만을 통하여 감성적인 것들에 대한 평가를 내린다는 사실이 그것이다. 이는 이성이라는 그물망에 갇혀 버린 기계적인 학습의 산물이다. "생각 좀 해봐라."는 용어가 그 대표적인 사례가 될 수 있다. 설혹 어떤 대상에 대해 먼저 '느낄'지라도 그 판단은 생각의 과정을 거쳐야 한다는, 그래야 설득력이 있다는 사회적 통념에서 비롯된 그릇된 인식의 과정인 것이다.

따라서 우리가 할 수 있는 일은 이러한 의도된 감성의 조작에서 벗어나기 위해 중독된 감정, 대리 감정들을 철저하게 배제할 수 있어야 한다는 것이다. 그리고 그 배제된 대리 감정의 자리에서 '나'는 '주변[타자他者]'에 대해 다시금 인식하고 새롭게 자리매김할 수 있도록 인식의 전환을 꾀해야 할 것이다. 나아가 감성의 문제가 '나'만의 개인적 문제로 멈추어서는 안 된다. 이는 오늘날 우리가 감성을 이야기해야 하는 당위와 관련된 문제이기 때문이다. 감성은 공유되어야 한다. 그런 까닭에 감성은 소통을 전제로 할 수밖에 없다. 또한 소통은 먼저 '열려진 나'로부터 가능한 일이다. 그런 의미에서 나와 타자 사이의 '믿음'과 '배려'는 역동해야 하는 감성의 가장 큰 기제라고 할 수 있다.

그렇다면 감성에 관한 연구는 이제 '나'[3]를 다시 보는 것에서부터 시작해야 하며, 그런 가운데 나와 타자 그리고 공동체에로까지 확대해 나가야 할 것이다. 대상에 대해 '만들어진 감성'으로 먼저 재단부터 하고 보는 식의 접근은 그야말로 '비감성적 접근'에 불과하기 때문이다. 나에게서부터 역동하는 감성이 타자에게 전이될 때, 그리고 그것이 공감을 형성할 때 '왜 감성이어야 하는가?'에 대한 문제는 더 이상 논의되지 않을 것이다.

현재까지 감성이 학문적으로 연구의 영역에 속한 적은 거의 없다. 그것은 감성이 가진 학문적 대상으로서의 한계 때문이었다. 그러나 그것이 '삶과 사회'의 문제와 결합하면 또 다른 양상이 된다. 둘 사이의 상보적 역할 관계가 가능해짐으로써 학문적 대상으로서의 한계를 극복할 수 있을 것이라는 기대 때문이

---

3 여기에서 말하는 '나'는 지금 자신이 하고 있는 연구일 수도 있고, 그런 연구가 속한 학문 영역일 수도 있다.

다. 이를 편의상 '감성인문학'이라고 부를 수 있겠다.

감성인문학의 발전 가능성은 '인문'라는 용어가 가진 학문적 대상으로서의 애매한 광범위성, 범용성 등의 문제를 극복하는 매개로 '감성'을 사용할 수 있다는 데 있다. 감성이 인문 또는 사회학을 규정할 수 있는 주요 틀 혹은 체계가 될 수 있다는 것이다. 물론 그렇게 되기까지 개인적 삶이나 공동체적 사회가 가진 다양한 측면을 분류할 수 있어야 하고, 또한 유형화할 수 있어야 하는 어려움이 뒤따른다. 따라서 여기에서는 이러한 어려움을 극복하는 하나의 방향으로 '감성적인 것들'을 제시함으로써 감성에 대한 다양한 담론의 창을 열어놓고자 한다.

감성이란 무엇인가?

감성이란 공학적 측면에서 보면 일찍이 시노하라(Sinohara, 1996) 의해 '사물과 현상에 대한 감수성, 대상에 내포된 다의적이고 애매한 정보에 대한 직감적인 능력, 좋은 센스'라고 정의된 바 있다. 또한 어떤 정보공학자에 의하면 '인간의 기분이나 사물의 맛, 색, 이미지 같은 애매한 것을 직감적, 통찰적으로 받아들이는 인지, 정서적 능력 특성'이라고도 한다. 그래서 이 둘의 의견을 종합하여 '대상이 가진 명확하지 않은 측면을 직감적으로 받아들여 처리하는 능력'[4]이라고 말해지기도 한다.

---

4 行場次朗·箱田裕司 編著, 조경덕·남기춘 공역, 같은 책, 76~77쪽 참조.

그러나 '지금' 내가 말하는 감성을 이처럼 단정적으로 정의할 수는 없다. 그것이 철학적으로, 심리학적으로 또는 공학적으로도 매우 다방면에서 개별적인 정의를 내리고 있는 현실에서라면 더더욱 그러하다. 게다가 감성은 다양한 방면에서 다양한 방식으로, 예를 들어 가치 판단의 문제에서나 정서 측정 방식의 문제에서 등 다분히 혼용되어 사용하는 개념이기에 그것을 한 마디로 정의하기는 결코 쉽지 않은 일인 것이다.

하지만 이에 대해 어느 정도 개념 정의의 파편성을 허용한다면, 일단 인문학적 관점에서의 정의 또한 가능할 수도 있을 것이다. 그리하여 여기에서는 특히 감성이 가진 '어떤 능력'을 염두에 두고, 거기에 감정 혹은 정서적 측면에서 밝혀진 특정 성격들과 상호 결합한다는 데 무게를 두어 그런 정의를 내려 보고자 한다. 즉, '지성과 감성' 혹은 '이성과 정서'라는 이분법적인 사고에 의해서는 결코 파악될 수 없는 어떤 본질적 영역으로서의 감성을 말할 수도 있다는 것이다.

현대 사회에서 말해지는 '감성'은 다분히 포괄적인 개념이다. '감感'과 관련한 모든 것들의 총체적 의미로서 '감성'을 사용하는 것이다. 만약 '감성 디자인'을 말한다면, 그것은 소비자의 '느낌'을 자극하여 구매 욕구를 충족시키려는 의도에서 비롯된 디자인이라고 설명하는 경우가 그것이다. 또한 어떤 요리를 보고서 그것을 '이탈리아적 감성이 함축된 요리'라고 한다면, 그것은 '이탈리아적 색깔' 혹은 '이탈리아적 풍風' 등의 의미 정도로 이해할 수 있는 것이다. 이러한 예들로 보아 현재적 의미에서의 감성은 그 용어가 생겨난 이유와 마찬가지로 혼용되어 사용되고 있을 뿐이다.

감성을 정의하기 위한 한 시도로 흔히 '이성'을 이야기하는 경우가 많다. 그러나 이런 경우 개념 정리의 혼돈을 야기할 가능성이 오히려 높다고 본다. 대개 어떤 개념을 정의하고자 할 경우 그 반대되는 개념을 차용하여 설명하는 경우가 많은데, 감성과 이성의 관계에서는 그 자체가 성립될 수 없다는 것이다. 왜냐하면 감성과 이성의 관계가 반대 혹은 대비되는 개념이라는 인식조차도 실은 불투명하기 때문이다. 철학에서 말하는 이러한 감성과 이성 사이의 대비 개념이 감성을 정의하는데 있어 제한적인 범위 내에서라면 어떤 의의가 있을지는 몰라도 그것을 감성의 전부로 보아서는 곤란할 것이다. 이 시대에 우리가 감성을 바라보고자 하는 일의 의미를 상실해 버릴 수도 있다는 뜻이다.

결국 감성은 이성이나 지성에 반하는 그 어떤 것도 아니요, 감정이나 정서를 달리 이르는 말도 아닐 것이다. 오히려 이러한 부차적인 개념들은 모두 '감성적인 것들'이라고 부르는 것이 더욱 알맞다. 감성은 이런 감성적인 것들이 상호 간의 소통과 융합, 그리고 조화와 배제 등의 심적 과정을 거치게 하여 인간의 모든 행위를 가능하게 하는 행위 기제라고 보아야 하기 때문이다. 이러한 행위 기제로서의 감성의 역할이 주체의 심리적 측면이나 신체적 측면에서의 모든 행위를 막론함은 물론이다.

또한 감성이 무엇이냐를 밝히기 위해서는 그것을 위한 대전제가 필요할 수도 있다. 이를 위해 감성 영역 확정을 위한 거대역巨大域의 설정 또한 생각해 볼만한 시도이다. 감성이 '거대 심리 현상macro psychological phenomena'이라는 주장에 찬성한다는 의미에서이다. 이 거대역은 인간의 내적 상태, 즉 모든 마음 상태를 포괄할 수 있는 개념이라고 본다. 여기에는 느낌, 감정, 정서 등 마음과 관련한 모든 하위 개념이 포괄될 수 있기 때문이다.

따라서 감정, 정서 등 기존에 연구되어왔던 개념들에 대한 성과는 이 거대역 안에서 다시 구조화될 수 있는 가능성을 내포하고 있다고 할 수 있다. 우리는 이 가능성에 대해 '어떤 조건'을 매개로 삼아 끊임없이 추론하고, 적용해가며, 체계화하는 과정을 통과함으로써 감성의 개념을 확정해 갈 수 있는 것이다. 그 어떤 조건 중의 하나가 바로 '메커니즘' 혹은 '기제'가 될 수 있으며, 이러한 조건은 거대역 설정 조건, 즉 '마음 상태에 머물 것인가?' 아니면 '행위로까지 확대할 것인가?' 등에 따라 다르게 설정할 수 있다. 예를 들어 '행위로까지 확대된 거대역' 설정 조건은 우리가 감성의 역동성을 말할 수 있게 하는 주요한 근거가 될 수도 있다.

만약 '마음 상태에 머문다.'는 조건이라면, 감성은 '감정에서 정서로의 치환 구조'에서의 소극적 매개 역할을 담당할 수 있을 것이다. 그리고 '행위로까지 확대한다.'는 조건이라면 '감정과 감정', '감정과 정서', '정서와 정서'의 개별적, 단일적 구조에까지 관여하는 적극적 매개가 될 수 있을 것이다. 이때는 감성의 역동적 역할이 마음 상태에서만 관여하는 소극적 지위가 아닌 마음에 따른 실천적 행위에까지 관여하는 적극적 지위를 부여받을 수 있게 된다. 이런 경우가 바로 우리가 보아야 하는 감성의 본 모습이라고 할 수 있다.

감성이라는 용어 자체가 비교적 최근에 생겼음은 주지의 사실이다. 이 용어는 공학 분야에서 먼저 사용되었는데, 감성공학이라는 표현을 처음 사용한 사람은 일본의 자동차 메이커인 마쯔다사의 야마모또 회장이었다. 그는 1986년 미국 미시간대학에서 감성공학을 이용한 자동차 설계를 제안하는 강연에서 이 표현을 사용하였으며, 이후 〈감성연구실感性研究室〉을 창설하기도 하였다.

또한 감성공학이란 표현을 사용하기 이전에 일본 히로시마대학의 나가마찌 교수는 1970년에 이미 '정서공학情緖工學'이라는 표현을 사용하였으며, 1988년 이후에는 이 표현을 '감성공학'으로 개명하여 사용해왔다고 한다. 이러한 감성공학에 대한 영어식 표현은 아직 없다. 단지 감성의 일본식 발음인 '칸세이'를 그대로 옮겨 'Kansei Engineering'을 사용하는 경우가 있을 뿐이며, 우리나라의 경우 감성의 영어식 표현을 차용하여 'Human Sensibility Engineering'이라는 표현을 사용하기로 했다고 한다.[5]

그러나 어쨌든 이때의 의미가 다분히 공학과 마케팅을 위한 개념, 즉 엄밀히 말하자면 소비자의 감성이 아닌 소비자의 감수성에 호소하는 공학과 마케팅이 그 본질이었다는 점을 명확히 인식해야 할 필요가 있다. 현재 사용되는 경제생활에서의 용례, 문화생활에서의 용례, 정치·사회적 용례 등에서도 그런 사례를 두루 찾아볼 수 있다는 점을 감안한다면, 감성에 관한 개념은 보다 면밀해질 필요가 있으며, 또한 '감수성'이라는 개념과도 명확히 구분할 필요가 있다고 본다. 그렇다면 미시적 관점에서 감성은 주체의 마음 상태라는 점, 그러나 그것이 언제든지 발현 가능한 일종의 에너지라는 차원으로, 그리고 감수성은 마음 상태라기보다는 개인의 능력이라는 차원으로 그 차이를 설명할 수 있을 것으로 기대한다.

다시 말해, 감수성이란 '외부 세계의 자극을 받아들이고 느끼는 능력'이라고 정의한다면, 이에 대하여 감성은 감수성을 자

5 李舜堯·梁瑄模 共著, 『가상현실형 감성공학』(淸文閣, 2006), 5쪽.

극하여 다양한 감정 상황을 체험하게 하고 그것들과의 융합을 통해 보다 큰 영역에서의 정서 혹은 그 너머 어떤 경지를 형성하게 하는 기제의 일종이라고 정의할 수도 있을 것이다. 이런 경우가 바로 거대역 안에서 행해진 감수성의 역할로써 감정에 대한 개념을 생각해보게 하는 중요한 사례 중의 하나가 될 수 있을 것이다.

현재 감성에 대해 '느낌[감感]'과 '본성[성性]'의 합合이라는 개념이 종종 사용되곤 한다. 이는 이성이 '이치[리理]'과 '본성[성性]'의 합合이라는 개념 도식과 일치한다. 즉, 이성의 반反 개념으로서의 감성을 인지한 개념인 것이다. 그러나 감성은 이런 도식을 거부해야 한다. 이치에는 어떤 실체가 있을지도 모른다. 그러나 느끼는 것에는 실체가 없기 때문이다. 그런 차원에서 우리는 감성에 대해 그 개념적 실체를 찾는 일과 더불어 그것의 메커니즘을 찾는 데에도 더욱 주목해야 하는 것이다.

앞서 일본 히로시마대학의 나가마찌 교수는 1970년에 이미 '정서공학情緖工學'이라는 용어를 사용했다가 1988년 이후에는 '감성공학感性工學'이라는 이름으로 개명하여 사용한 바 있다고 하였다. 이는 그가 정서와는 다른 차원으로 감성을 이해했다는 말에 다름 아닐 것이다. 대체로 그가 말한 개념에는 인간의 마음, 또는 인지 능력뿐만 아니라 행위와 판단 능력도 포함된다. 이런 사실로 보더라도 감성은 정서와 분명히 구별되는 개념이며, 그것이 인간의 행위적 측면을 내포하고 있다면 '메커니즘'이라는 개념을 차용하는 것에도 문제가 없을 것으로 보인다.

그러나 우리는 감성에 대해 아직 그 어떠한 실체를 찾아낸 바 없다. 따라서 그 메커니즘을 찾는 일은 무척 어려운 일일 될 것이다. 이런 상황에서 우리가 더욱 주목해야 하는 대상은 이른바 '감성적인 것들'이라고 할 수 있다. 그것은 감성보다는 훨씬 더 구체적이며 또한 훨씬 더 명백한 행위나 마음 상태들이다. 물론 '감성적인 것들'의 대표적인 실체로 감각, 감정, 정서 등을 꼽는 것은 당연하다.

이들 중 특히 정서가 감성의 해석에서 중요하게 다루어지는 이유는 그것이 마음 상태 혹은 행위를 촉발할 수 있는 주요한 감성적 기제라는 점을 인정하기 때문이다. 그러나 그 행위를 촉발하게 하는 것 또한 또 다른 감정 혹은 정서라는 점을 간과해서는 안 된다. 그렇게 상호 간의 습합과 배제를 통하여 새로운 감성적 기제를 만들어내는 것 그 자체가 바로 감성인 것이다.

따라서 감성적인 것들에 대한 개별적 해석과 더불어 그것들 사이의 어떤 연관관계를 찾아내고, 그 연관성을 생성하게 하는 메커니즘을 찾아내는 것이 본질적으로는 감성을 찾아내는 작업이 될 수 있을 것이다. 결국 감성이 어떤 역동성을 상징하거나 혹은 에너지원이라면 감성은 감성적인 것들의 상호 작용의 결과물임을 인정해야 한다는 말과 다름이 아니다.

이러한 이유들로 이 글에서는 감성에 대해 주체들의 적극적이면서도 긍정적인 행위를 유발한다는 측면에서, 그리고 현재적 의미에서 우리 사회와 세계를 역동하게 하고, 변혁하게 하는 근원적 힘이라고 새롭게 정의하고 싶다. 감성이 사회를 이끌고 세계를 소통하게 하는 동인動因이며, 급변하고 있는 문화변동 현상의 매개라고 여기기 때문이다. 또한 개인의 감성이 집단의 감성으로 표출되는 현대 사회의 시대·사회적 배경도 감성을 새롭게 주목하게 하는 하나의 요인이다. 이런 까닭에 감성은 그 자체로 사회성을 띠고 있으며, 또한 그 사회성이 바로 우리가 감성을 주목해야 하는 주요한 이유가 되는 것이다.

감성과 감각

감각感覺은 일반적으로 오감五感을 지칭한다. 시각, 청각, 미각, 후각, 촉각이 그것이다. 여기에서 촉각은 넓은 의미로 피부감각이라고 볼 수 있는데, 이 감각은 또 좁은 의미의 촉각과 압각, 온각, 냉각, 통각으로 나눌 수 있다. 사람들은 대개 이러한 감각에 의해 '양상'이라고 불리는 독자적인 결과를 인지하는데, 이를 일러 감각체험 혹은 감각양상이라고 한다.[6]

예를 들어, 파란색과 빨간색이 있다고 하자. 그것을 '파랗다'와 '빨갛다'라고 느끼는 것은 동일한 시각에 의한 색의 차이에

6 行場次朗·箱田裕司 編著, 조경덕·남기춘 공역, 같은 책, 34~35쪽 참조.

불과하다. 그러나 시각과 더불어 생성하는 다른 감각이나 혹은 그 감각을 불러일으키는 환경적 요인에 의해 감각을 인지하는 양상은 달라질 수도 있다. '파랗다'는 감각으로부터 '시원하다'는 감정 결과를 낳을 수도 있고, '춥다'는 감정 결과를 낳을 수도 있다는 것이다. 따라서 개인의 감각체험이나 감각양상은 어떤 경우에도 동일하지 않다고 보는 것이 타당하며, 그런 까닭에 독자적인 결과 인지로서의 감각양상이라고 하는 것이다.

이러한 감각의 차이를 생성하게 하는 방식은 감성의 작동 방식과 유사하다고 여겨진다. 또한 감각의 존재는 감성을 작동하게 하는 원초적 매개가 된다. 따라서 감성을 추동시키는 데 있어 가장 기본적인 요소는 감각이라고 할 수 있다. 그리고 거기에서, 우리 식의 표현이라면 '실감實感'이 더욱 중요한 요소가 될 수 있다. '생각으로 느끼는' 오랜 이성적 관습에서 벗어나, 보다 본질적인 감각은 '몸 혹은 마음으로 느끼는' 것에서부터 시작된다고 보기 때문이다.

실감은 어떤 행위나 사고의 결과에 대해 실질적으로, 좀 더 정확하게는 현실적으로 느껴지는 감각을 의미하는 경우가 많다. 그래서 우리는 종종 '믿어지지 않는다.'라는 표현으로 이 감각을 대변하기도 하다. 감각의 원인은 대개 현실적이지만, 감각을 접하는 사람들에게 있어서는 그 대상이 마치 환상이거나 환상이게끔 믿고 싶은 느낌을 주는 경우가 많은 것이다. 그런 까닭에 실감은 말 그대로 '느낌'만으로 치부되는 경향이 보인다.

그러나 실감이 실제로 이렇게 체험하는 느낌만을 의미한다고 보지는 않는다. 몸 혹은 마음으로 느끼는 것이 전제되지 않는 한 실감은 존재할 수 없고, 또한 그것이 행위와 연결되는 까닭은 생각보다는 몸이 앞선 경우가 더 많다고 여기기 때문이다. 그런 이유로 실감은 곧 행위와도 연결된다. 왜냐하면 "우리들의 감각은 단독으로 혹은 전후의 경험과 독립하여 이루어지는 것은 아니다. 다양한 감각양상이 상호관계하며 행동을 이끌어 낸다."[7]고 보기 때문이다. 그런 까닭에 실감은 언제나 강도 높은 감정 반응을 동반하는 특성을 갖는 것이다.

물론 다양한 감각 양상들의 상호 관계가 실감의 질을 높이는 것은 당연한 현상이며, 이런 과정에 관여하는 것 또한 감성의 역할 가운데 하나라고 할 수 있다. '다양한' 감각 양상을 지속하기 위해서는 그 다양함을 구성하는 개별적인 것들에 대한 경험과 그 축적이 필수불가결한 과정일 것이다. 따라서 이러한 경험과 그 축적의 과정을 감성적인 것들의 상호작용, 즉 감성이라고 보기 때문이다.

감각은 또한 세계를 주체적으로 인식하고자 하는 감성 작용의 필수 매개라고도 할 수 있다. 감각에 의해 주체로부터 인지

---

7 行場次朗·箱田裕司 編著, 조경덕·남기춘 공역, 같은 책, 35~36쪽.

되는 감정은 '감성적인 것들에 의해 의미화 되어'[8] 보다 상위 차원의 감정 혹은 복합 감정으로 상승하는 과정을 거칠 수 있다. 그런 과정에서 몇 개의 감정 묶음은 정서로 치환될 수 있는 가능성도 충분하다고 보인다. 그런 까닭에 세계를 인식한 결과로서의 감정과 정서를 이끌어내는 감각은 감성의 원초적 기제가 될 수 있는 것이다.

8 이 글에서는 이런 과정을 '감성'이라고 보며, '감성적인 것들'이라는 용어 또한 이러한 관점에서 사용한다.

감성과 감수성

심리학적 측면에서의 감수성感受性은, 예를 들어 색과 도형이 있다면 “색과 도형이 가진 물리량을 인식 소재로서의 심리량으로 변환하여 식별하는 능력”[9]이라고 할 수 있다. 이러한 정의가 비단 심리학에서만 국한된다고 보지는 않는다. 인식의 소재로서의 대상은 인간이 인식할 수 있는 그 모든 것이 될 수 있기 때문이다. 따라서 단순한 개념으로서의 감수성을 말하기보다는 ‘감성적인 것들’ 중의 하나로서 감수성을 말해야 할 필요가 있다. 이런 맥락에서 우리는 ‘감수성의 질質’을 본격적으로 탐색해야 한다.

---

9 行場次朗·箱田裕司 編著, 조경덕·남기춘 공역, 같은 책, 246쪽.

우리가 흔히 사용하는 '감수성이 뛰어나다.', '감수성이 메말랐다.' 등등의 문장은 결국 감수성의 질質을 의미한다. 그렇다면 여기에서 '감수성이 메마른' 이유는 궁극적으로 무엇 때문일까? 개인차는 있겠지만, 그것은 철저한 자기중심적 행위에서 비롯된다. 즉, 주체가 느끼고, 표현하고, 행하는 모든 '감정'의 무의식적 삭임 또는 그것의 의도적 무시에서 비롯될 가능성이 충분하다는 것이다. 이러한 무의식적 삭임이나 의도적 무시가 주체의 경험이나 학습 결과에 의한 것임은 물론이다.

따라서 이를 극복하기 위해서는 '느껴지는 감정'을 인정하고, 그것에 대해 다양하게 표현할 수 있다는 사실에 대해 익숙해져야 한다. 분노해야 할 상황에서는 분노할 줄 알고, 슬퍼해야 할 때는 슬퍼할 줄 하는, 그래야 감수성의 질質을 높일 수 있으며, 그것으로 인해 주체의 감성을 계발할 수 있는 것이다. 결국 주체의 내적 상태 속에서 '감정들'이 서로 소통할 수 있어야 하고, 또한 그렇게 됨으로써 감수성의 질質을 확보할 수 있게 되며, 그것은 곧 우리의 내면에서 '감성적인 것들'이 소통할 수 있게 하는 방식에 익숙해진다는 의미일 수도 있다.

문인은 글로, 화가는 그림으로, 음악가는 음악으로 표현할 수 있는, 또는 표현하고자 하는 욕망 그 자체가 감성이며, 그 욕망의 표출 여부가 바로 감정의 소통과 감수성의 질質의 문제가 되는 것이다. 다시 말해서 얼마나 잘 표현하는가의 문제가 아니라, 얼마만큼 그 감정을 원활하게 소통시키면서 감수성의 질質을 확보하는가가 감성 발현의 핵심이 되는 것이다.

그렇다면 이러한 감성 발현체를 바라보는 수용자 — 독자나 감상자 — 들의 내적 상태는 어떨까? 그들은 거기에서 무엇을 읽을 수 있고, 어떤 것을 느낄 수 있을까? 감수성의 개인차는, 물론 이 지점에서도 드러난다. 그들 자신만의 호오好惡가 있을 것이고, 또한 그 호오에는 자신만의 판단이 개입될 것이기 때문이다. 그런 까닭에 하나의 발현체에 대한 반응 역시 천차만별이 될 것임은 자명한 일이다.

감수성은 의도된 발현체에 의해서만 생겨나는 것이 아니다. 그 발현체가 드러나 있든 그렇지 않든 간에 그것은 일단 모든 인간에게는 잠재적 심태心態이다. 따라서 감수성 발현에 관한 한, 그것은 우리가 먼저 접했던 것, 그리고 계속 접할 수 있는 것이 될 가능성이 크며, 그런 까닭에 그것의 모습은 의도되지 않은 발현체일 가능성이 크다. 우리는 그것들을 일러 '현상現象'이라고 부른다.

여기서 말하는 현상이란 당연히 감각적 대상을 말한다. 어떤 의도적 사고 아래 인식되어지는 이성적 대상이 아닌 주체의 직관에 의해 관찰되거나 지각되어지는 그런 대상이다. 즉, 이미 주체의 판단이 개입되어 이해되는 어떤 것이 아닌 주체의 감각으로 먼저 인식되는 어떤 것을 말함이다. 따라서 현상의 변화는, 그것이 의도된 것이든 그렇지 않든, 당연히 감수성을 자극하게 될 것이고, 그것의 고저高低는 주체의 능력 문제, 곧 질質의 문제가 되는 것이다.

이러한 질質은 대상에 대한 관심과도 관련이 있다. 예를 들어 '바다'를 대한다고 가정해보자. 수영을 배우기 전의 바다에 대한 느낌과 배운 후의 느낌은 전혀 다를 수 있다. 배운 후라면 대부분 좀 더 적극적이며 도전적인 모습으로 바다를 대할 수 있게 될 것이다. 이는 정태적 관점에서 대하던 바다에서 동태적 관점으로 인식의 전환이 이루어진 바다를 받아들일 수 있게 된다는 의미이다. 이처럼 주체의 인식을 또 다른 상태로 전환하게 하는 것은 감수성의 질質 확보에 의한 감성 발현 능력의 증폭 과정과 그 결과라고 말할 수 있겠다.

감수성은, 의도되었든 그렇지 않았든, 어떤 발현체에 대한 반응으로만 그치는 것은 물론 아니다. '모성母性'이라는 추상적 어휘에 대해서 생각해 보자. '어머니=모성'의 관계는 부인할 수 없는 사실이다. 그러나 언제인가부터 우리는 '어머니'를 나누어 보기 시작했다. '미혼모, 싱글맘, 독신맘, 리틀맘' 등등의 용어들이 그것이다. 이들 용어에 의해 우리는 '조작된 어머니'를 만나게 된다. 좀 더 정확하게는 어머니에 대한 조작된 감수성을 아무런 의심 없이 인정하게 한다. 이는 타의에 의해 우리 마음속에 '왜곡된' 모성이 자리 잡게 함으로써 공통된 긍정 가치였던

'모성'에 대한 감수성의 질質을 저하시키게 하는 원인이 되는 것이다.

이런 경우 우리는 '어머니'에 대한 감수성의 지평을 더는 확대할 수 없게 된다. 그래서 우리에게 어머니는 단순히 생물학적 모태, 그 이상도 이하도 아닌 존재로 규정되고 만다. 어떤 이들에게 어머니는 낳아준 사람에 불과할지도 모르지만, 또 다른 어떤 이들에게는 어머니가 낙원일 수 있고, 안식처일 수도 있으며, 고향일 수 있고, 신앙일 수도 있는 것이다. 그것의 차이가 바로 감수성이 가진 질質의 차이인 것이다.

그러나 이것들만으로 감수성의 전부를 설명할 수는 없을 것이다. 또한 아름답다거나 아니면 슬프다거나 기쁜 혹은 형언할 수 없는 등의 어떤 감정들을 단순하게 느꼈다는 것만으로 감수성을 이야기한다는 것은 뭔가 부족한 듯하다. 주체의 감수성에는 발현체가 욕망하는 것이 무엇인지를 읽고자 하는 내재적 욕구가 끊임없이 솟구치기 때문이다. 그런 이유로 그들은 현재 자신들이 가진 내적 상태의 능력을 바탕으로 발현체의 욕망 혹은 추상적 욕망들과 최대한 소통하고자 하는 노력을 경주하게 되는 것이다.

감성의 질質은 그것으로부터 확보될 수 있다. 따라서 감수성이란, 특히 감성과 관련하여서는, 외부 세계의 자극을 받아들이고 느끼는 능력뿐만 아니라 그것들과 적극적으로 소통하려는 의지와 그 능력까지 포괄하는 개념이 되어야 할 필요가 있다. 모종의 훈련도 필요하겠지만, 감성의 계발은 결국 다양한 감정들에 대한 경험 내지 체험과 그 축적, 그리고 그것들에 대해 표현하려는 의지와 연습으로도 충분히 가능한 일이라 할 수 있다. 결국 감성의 계발은 이러한 감수성의 질質을 최대한 확보하는 일이며, 이는 주체의 감성적 능력을 좌우하는 주요한 요건이라고도 할 수 있을 것이다.

감성과 정서

"정서는 외적 자극 사건에 대한 보편적이고 기능적인 반응으로서, 현 상황에 대해 적합성을 증진하고 환경을 조형하는 반응을 촉진하기 위해서 생리, 인지, 현상 및 행동 채널들을 일시적으로 통합한다."[10]고 말해진다. 따라서 정서는 생리적 변화와 인지적 반응, 감정, 느낌의 축적 및 학습 등으로 구성되는 내적 상태라고 볼 수 있다.

또한 "정서는 단순한 주관적 느낌이 아니다. 정서는 우리 신체의 측정할 수 있는 변화들을 반영하고, 종종 환경 속의 사건

---

10 Keltner & shiota(2003), p.89. James W. Kalat, Michelle N. Shiota 지음, 민경환 외 옮김, 『정서심리학』(시그마플러스, 2007), 406쪽. 재인용.

들에 대한 예측할 수 있는 반응들이며, 혹은 적어도 그 사건들에 대한 우리의 해석들이며 또한 우리의 사고와 행동에 중요한 영향을 미친다. 비록 우리는 정서를 우리 경험의 가장 사적인 부분으로 종종 생각하지만 정서는 우리가 주위의 세상과 교류하는 방식에 대단히 큰 영향을 갖고 있다."[11]고도 말해진다.

이런 측면에서 보자면 정서는 사회와도 불가분의 관계를 맺고 있다. 개인적 차원에서의 정서가 아닌 집단적 차원에서 정서의 문제가 더욱 두드러지기 때문이다. 이러한 집단의 정서는 대개 그 사회의 문화적 상황과 맥이 닿아 있는 경우가 많다. 사회심리학의 발달이 이와 무관하지 않을 것이다. 따라서 "정서의 사회적 구성이란 사회가 정서를 사고, 경험, 표현하는 문화 특정적 방식을 형성하는 과정"[12]이라고도 할 수 있다.

이러한 진술들은 정서의 형성에 있어 필요한 역동적인 어떤 것을 요구하고 있음을 암시한다. 다양한 감정의 경험과 그것들의 소통 또는 통합의 행위가 이러한 정서적 필요에 의해 발생하며, 그것을 완전하게 정서적인 것으로 발현하게 하는 그 어떤 것이 존재할 수밖에 없는데, 그것이 바로 감성이라고 여겨

---

11 James W. Kalat, Michelle N. Shiota 지음, 민경환 외 옮김, 같은 책, 406~407쪽.

12 James W. Kalat, Michelle N. Shiota 지음, 민경환 외 옮김, 같은 책, 93쪽.

진다는 의미이다.

정서는 인간이라면 모두가 느낄 수 있는 마음 상태라고 할 수 있다. 심리학적 정의를 빌린다면, 정서는 생리적 변화, 정서적 반응, 표현적 행동의 조합이 빚어내는 기분mood이나 감정feeling 또는 강한 느낌에 해당되는 내적 상태라고도 할 수 있다. 따라서 그 종류는 국가나 민족을 차별할 수 없다. 굳이 차별이 아닌 차이를 말한다면, 그것은 표현하는 데 필요한 언어적 차이일 뿐이다.

그럼에도 불구하고 '한국적 정서'를 말할 수 있는 것은 정서들 사이, 혹은 감정들 사이에서 조율되는 어떤 특별한 기제의 존재를 인정하기 때문이다. 여기서는 그것이 감성의 한국적 메커니즘[13] 때문이 아닐까 한다. 이러한 감정과 그것들의 정서로의 치환을 설명할 수 있는 가장 이상적 모델 중의 하나로 '사단칠정론四端七情論'의 사례를 들 수 있다.

조선의 성리학은 인간의 본성에 따른 마음인 사단四端과 인간의 감정인 칠정七情이 어떤 관계에 있는지에 대해 학파에 따라 다른 입장을 보였다. 이러한 견해 차이는 성리학의 기본 개념인 이理와 기氣에 대한 관점 문제에서부터 구체적인 인간의 행동에 대한 윤리, 정치적 척도에 이르기까지 서로 다른 주장

13 이 부분에 대해서는 후술한다.

을 이끌어내는 경지로까지 발전하였다.

이러한 논의 중 특히 사단칠정론은 이황과 기대승의 성리학 논쟁을 말한다. 사단四端은 맹자에서 비롯된 개념으로, 측은지심惻隱之心은 인지단仁之端, 수오지심羞惡之心은 의지단義之端, 사양지심辭讓之心은 예지단禮之端, 시비지심是非之心은 지지단智之端이라고 한 인의예지仁義禮智의 단端을 모아 생겨난 것이며, 칠정七情은 예기禮記에 나오는, 사람이 갖고 있는 일곱 가지 감정, 즉 희喜·노怒·애哀·구懼·애愛·오惡·욕欲을 말한다.

이 논의에서 기대승은 "칠정 외에 사단이 따로 있는 것이 아닌데 지금 만약 사단은 이理에서 발發하여 불선不善이 없고, 칠정은 기氣에서 발하여 선악이 있다고 한다면, 이것은 이理와 기氣가 확실히 둘이 되는 것이며 칠정은 성性에서 나오지 아니하고, 사단은 기氣에 승乘하지 아니하는 것이 되니 이것은 어의語意가 의심이 없을 수 없는 것이다. 칠정 밖에 따로 어떤 정情이 이理에서만 나오고 기氣에서 나오지 아니하는 정情이 있을 수 없다. 또 외계外界의 물질物質에 감촉되어 동動하는 것은 사단四端 역시 그러하다."고 말한 바 있다. 즉, 그의 논의의 핵심은 사단도 정이요, 칠정도 정이어서 따로 설명할 이유가 없다는 데 있는 것이다.

또한 그가 말한 대로라면 칠정은 어떤 작용에 의해 사단으로 구현되는데, 여기에서 칠정을 굳이 감정에 해당한다고 보면, 그것은 어떤 작용을 거쳐 감정 묶음으로서의 정서로 치환될 가능성이 충분하다고 볼 수 있겠다. 이 감정 묶음으로서의 정서가 바로 사단이다. 그렇다면 이 가운데 '어떤 작용' 즉, 그렇게 치환하게 해주는 구실을 하는 것이 바로 감성이라는 가설 또한 내세울 수 있지 않을까 한다.

그런 이유로 감성은 감정일 수도 정서일 수도 있으며, 감정적인 것일 수도 있고 정서적인 것일 수도 있게 되는 것이다. 그리고 이런 '마음'과 관련한 것들은 궁극적으로 '예禮'를 지향해야 한다고 보는 것이다. 다시 말해 사단은 인간 심성이 지닌 예禮 실현의 가능 근거를 존재론적으로 밝히고자 하는 해명으로, 따라서 그것 자체가 바로 감성 기제가 될 수 있다는 것이다.

이런 가설 아래 보자면 감성은 어떤 감정과 감정 사이의 공유 지점에서 이것들 사이의 특정 마음 행위에 의해 발현되는 어떤 것일 수 있다. 그것은, 예를 들어 '감성적인 것들'로서의 인仁을 말한다면, 어떤 대상에 대하여 그것에 대해 불쌍하고 측은하게 여기는 마음 행위에 의해 구현되는 어떤 심태心態가 된다는 말이다. 여기에서 말하는 이러한 마음 행위의 스펙트럼 작용[14]과 그 지점이 바로 감성의 본질이 아닐까 한다. 물론 이

---

14 감성과 스펙트럼 현상과의 관계는 후술한다.

런 감성 작용에 의해 형성된 정서는 외부 요건에 따라 개인차가 빚어질 수도 있어, 그것에 대해 어떤 특정한 이름을 쉽게 부여할 수는 없을 것이다.

우리는 흔히 김소월의 〈진달래꽃〉에서 '한恨'을 읽는다고 한다. 물론 이 작품에 대해 연구자들에 따라 한恨의 정서로 읽는 것뿐만 아니라, 〈공무도하가〉에서 〈가시리〉를 거쳐 '이별의 정서'를 잇는 우리의 가장 대표적인 노래로 읽히기도 한다. 그러면서도 이 시에 나오는 주된 화자의 마음은 이별의 슬픔을 체념으로 승화시켜 극복해내는 아름다운 사랑 노래라는 해석도 빠지지 않는다. 이 해석에 의하면 한恨은 긍정적인 정서가 된다. 따라서 이 작품이 내포하고 있는 감성은 물론 '슬픔을 체념으로 승화시켜 극복해내는 마음', 나아가 '인고忍苦'가 될 수도 있을 것이다.

오늘날 우리가 한恨을 다시 주목하는 이유는 그것이 가장 한국적인 정서라고 여겨진 까닭 때문이 아니다. 오히려 그것은 그렇게 인정하도록 조작한 사회적, 역사적 학습의 결과라는 점을 인정하기 때문이다. 그런 이유로 예전에는 이 한恨이라는 개념에 대해 대개 부정적 인식의 결정체로 보는데 주저하지 않았다. 그러나 지금은 어느 누구도 그것이 부정적이라고 보지는 않는다. 한恨은 우리 삶에 대한 긍정적 지향의 한 방식일 뿐이며, 또한 그것의 부정적 인식을 극복하고, 다시 승화의 차원으로 주체의 긍정적 삶을 이끌어내는 가장 한국적인 방식으로 인정받고 있는 것이다.

무엇 때문일까? 이 작품을 감성의 차원에서 해석해 보면 우리는 화자의 내면을 훨씬 더 세밀하게 관찰할 수 있게 된다. 임을 떠나보내야 한다는 여성 화자의 단순한 슬픈 심경이 아닌 그것을 초월한 어떤 욕망을 읽을 수 있기 때문이다. 가는 길에 꽃을 뿌려 놓고는 '사뿐히 즈려 밟고 가라'는 여인의 마음을 어떻게 읽어야 할 것인가? 그것은 본성本性으로 밖에는 이해할 수 없는 일이다. 임이 떠나가서 슬픈 것이 아니라 함께 하고 싶은데도 그럴 수 없어 슬픈 것이다. 그래서 떠나보내야 하는 슬픈 심사는 절대로 떠나보낼 수 없다는 적극적 욕망 행위로 읽힐 수 있는 것이다.

이것이 바로 감정을 정서로 치환시키는 감성의 작용이다. 즉, '슬픔' 혹은 '이별'이라는 작중 화자의 감정이나 감정 상황은 언어적으로 표현되는 일련의 과정을 따라 어떤 정화의 작용을 거치게 된다. 그리하여 애초의 감정 너머 또 다른 정서적 경지에 이르게 되며, 이것이 곧 우리 문학에 나타나는 한국적 감성의 특별한 경지라고도 할 수 있다는 것이다.

이렇듯 정서는 어떤 식으로든 안정되었다고 말할 수도 있고, 또한 그런 상태임을 알 수 있다. 그런 안정된 정서 혹은 정서다발들이 우리를 긍정적 가치를 지닌 주체로 성장할 수 있게 한다. 한의 정서를 부정적 가치로만 본다면 이러한 주장이 타당성을 잃을 수도 있다. 그러나 한이 부정적 가치에서 머무르지 않고 어떤 승화 내지 정화의 작용을 거쳐 긍정의 정서로 치환될 수 있다는 점을 주목한다면, 정서의 안정화는 이런 마지막 단계를 의미한다고 볼 수 있는 것이다.

그렇다면 감성은 안정되었다고 말할 수 있을까? 물론 그럴 수도 있겠지만, 기본적으로 감성은 안정되면 안 된다고 보아야 한다. 왜냐하면 안정된 감성은 더 이상 무언가 추동할 계기를 상실해버린 상태라고 볼 수 있으며, 그런 까닭에 감성의 본연적 역할을 수행할 수 없을 가능성이 높아지기 때문이다. 즉, 감성의 가장 큰 특성이라고 할 수 있는 '역동성'을 상실해버렸다는 의미로 읽힐 가능성이 농후해지는 것이다.

감성은 안정된 상태로 고착되어서는 안 된다. 끊임없이 움직이면서 무엇인가를 만들어내려는 역동적인 모습이 바로 감성이어야 한다. 물론 그러한 모습 가운데 감성의 움직임이 불안정함으로써 생기는 부정적 감성이 형성될 수 있고, 반대로 안정된 움직임을 보임으로써 긍정적 감성이 형성될 수도 있다. 그러나 우리가 주목해야 하는 것은 안정되어 고착화된, 즉 일처일형적一處一形的인 감성의 면모가 아니다. 안정되어 있으면서도 다양하게, 그리고 역동적으로 움직이는 일처다형적一處多形的인 감성이어야 한다는 점이다.

감성의 기제와 메커니즘

'기제機制'란 인간의 행동에 영향을 끼치는 심리의 작용이나 원리를 말한다. 그렇다면 그러한 기제의 하나로서 '감성'을 말해야 하는 것일까? 물론 아니다. 감성은 어떤 특정한 작용이나 원리만을 뜻하지는 않는다고 보는 것이 일반적 관점이다. 오히려 포괄적 측면에서 감성을 발현하게 하는 어떤 기제들을 발견해내는 것이 순리라고 할 수 있다. 감성의 주요 기제로 꼽힐 수 있는 것들로는 감정과 정서, 그리고 이성이다. 또한 이것들은 언제나 독립적이면서도 상호보완적 기제들이라는 점을 주시해야 한다.

우선 대상에서 촉발된 느낌에 대한 경험의 반복적 축적은 곧 그 자체로 지知가 되는 것으로, 이러한 상태의 지적 유형화가 곧 이성의 한 모습이 될 수 있을 것이다. 또한 이러한 이성적 사고의 고착과 원초적 감정의 조합이 어떤 특별한 정서로 치환될 가능성도 충분하다. 여기에서 그 특별한 조합을 이루게 하는 매개가 곧 감성이다. 이러한 기제들로부터 발현하는 감성은 감정의 정서로의 치환 과정에서만 개입하는 것이 아닌 개별적 감정 혹은 정서의 발현, 즉 개인의 행위 내지 행동에까지 관여하게 됨으로써 인간의 머리와 가슴을 포괄하는 개념이 될 수 있는 것이다.

이런 과정에서 보자면 감성은 그 자체로 정서를 형성하게 하는 작동 기제라고도 할 수 있다. 그렇다면 한국적 정서는 어떻게 형성되겠는가? 또한 그것을 만드는 무엇인가가 분명 존재할 수 있겠는데, 그것이 바로 감성은 아닌가? 나아가 한국적 정서를 형성하게 하는 한국적 감성은 어떤 모습이며 또한 어떻게 작동하는가? 이러한 문제를 해결하는 것이 감성의 메커니즘 나아가 그 체계 정립의 문제를 해결하는 과정에 다름아닐 것이다.

심리학적 측면에서 메커니즘이란 어떤 행위를 성취하는 의식적 또는 무의식적 심리 과정이라고 할 수 있다. 환경에 적응하고 자아를 방어하며 욕구를 만족시키고 혼란을 해결하는 심적 기제라고 할 수 있는 것이다. 그렇다면 감성의 메커니즘은 어떻게 설명될 수 있겠는가. 감성의 메커니즘은 한마디로 감성적인 것들의 불이적不二的(또는 불이적不異的) 상호작용이라고 볼 수 있겠다. 예를 들어 한국적이라고 여겨지는 것을 예를 들어 말하자면, 믿음과 배려를 통한 낙천적 기다림이 한恨의 정서로 승화되는 과정을 들 수도 있다. 이는 '체념의 여지화餘地化 혹은 여백화餘白化'라고도 할 수 있다. 항상 빈 곳을 남겨둠으로써 이어 채워질 수 있는 상황을 긍정적으로 대비하려는 주체의 무의식적 심리 행위라고도 말할 수 있는 것이다.

> 한국 전통 건축이 빗소리를 증폭시키는 처마를 수천 년 처리하지 않고 두어 내린 것은 빗소리를 정서로 승화시킬 수 있는 훌륭한 한국인의 정서 메커니즘 때문이 아니었던가 싶다.[15]

이 글에서 보이듯 우리 전통 건축에서 처마를 배제하지 않은 것은 처마에 대한 그들의 오랜 경험과 학습에 의한 긍정적 인식의 결과이다. 또한 그들의 경험과 학습은 일조량의 효율적인 조절이라는 이성적 기능을 넘어 빗소리로 인해 마음이 안정될 수 있다는 — 정서적으로 안정될 수 있다는 — 감성적 기능으로까지 확대되어 있음을 알 수 있다. 이는 개인의 삶과 그 주변부에서 벌어지는 상황들에 대한 감성적 경험과 학습의 축적으로 비로

15 이규태, 『한국인의 힘 2』(신원문화사, 2009), 238쪽.

소 가능한 경지라고 할 수 있을 것이다.

결국 감성의 메커니즘은 기제들에 대한 주체의 다양한 경험과 학습의 축적에 의해 작동할 수밖에 없다. 그런 까닭에 메커니즘의 작동 방식은 주체에 따라 다를 수밖에 없다는 점도 인정해야 한다. 그러나 메커니즘을 작동시키는 기제들이 주체들에게 있어 공통된 것이라면, 좀 더 정확히 말해 같은 공간에서 같은 시간대에 같은 이유로 발생하는 기제들이라면 상황은 달라진다. 이때의 감성 메커니즘은 작동 방식의 동이同異와는 별개로 그 사회적 위력을 발휘할 수밖에 없는 역동적인 에너지가 된다. 오늘날의 사회와 정치, 문화를 변혁하게 하는 원천적 힘으로서의 감성의 모습을 볼 수 있게 되는 것이다.

감성문화지도 그리기의 가능성

감성이 마음 행위의 어떤 작동 방식이라는 점에만 국한된다면, 그것에 관한 '지도 그리기'는 애초부터 불가능한 일처럼 보일 수도 있다. 그러나 앞서 '감성적인 것들'의 활용을 이야기한 바 있다. 또한 그것의 문화적 접맥 가능성을 말한 바도 있다. 따라서 그 면모와 활용을 확인하고, 감성의 영역을 확정하려는 차원에서라면 이러한 '지도 그리기'는 충분히 가능할 것으로 생각한다.

한국 감성문화지도 그리기는 감성을 하나의 정보 형태로 파악하고, 그러한 정보를 시간Time축, 공간Space축, 주제Subject축에 따라 배열하고 구조화하는 것을 말한다. 시간축에는 그것들이 생성·변이·소멸되는 과정을, 공간축에는 실제의 지역적 또는 지리적 위치를, 주제축에는 유형화되거나 분류된 감성의 형식과 내용을 각각 표시하게 되는 것이다.[16] 따라서 이러한 세 개의 축이 맞물린 감성문화지도는 입체적일 수밖에 없으며, 그런 이점을 최대한 활용할 수 있는 'MSMU'[17]를 지향해야 한다.

물론 이러한 작업의 가장 기초적인 전제는 감성 혹은 감성적인 것들에 대한 개념, 그리고 그에 대한 동의가 이미 이루어졌어야 한다는 점일 것이다. 즉, 아무런 전제나 동의 없이 개별적이고 무차별적으로 이야기되는 감성적인 것들을 일방적으로 도면에 뿌릴 수는 없는 일이다. 예를 들어 '한'이라고 하는 정서를 드러내게 하기 위해, 그것을 형상화하는 각종 감성적인 것들을 대입하다 보면, 그것에 적용되지 않을 것이 없다는 오류에 빠질 수 있다. 감성적인 것들은 본질적으로 주관적인 대상이 주류를 이루기 때문이다.

따라서 지도 그리기에 있어서의 선행 작업은 몇 가지 대표적인 감성적인 것들을 설정해야 하고, 그것이 왜 대표적인 것들이 될 수 있는지를 먼저 설명하는 일이 필요하다. 그리고 그 대표적인 것으로 선정될 수 있는 객관적인 조건들을 마련해야 할 것이다. 앞서 제시한 시간, 공간, 주제의 축 또한 그런 조건

16 전남대학교 호남학연구원 인문한국사업단(2008) 누리집 참조.

17 Multi Source Multi Use.

이 될 수도 있다.

예를 들어 먼저 '어떤 감성적인 것들이 시간적으로 유지 혹은 지속되면서 의미 있는 가치를 획득할 수 있느냐'는 물음에 답하는 것은 이를 위한 중요한 조건 중의 하나가 될 수 있다. 감성담론의 존재 이유 중 하나가 '현재성'이라고 보기 때문이다. 다시 말해, 원칙적으로 '과거의 감성, 현재의 감성, 미래의 감성이라는 개념이 성립할 수 있는 것이냐'의 문제부터 통찰해 보아야 한다는 것이다. 이는 '왜 감성인가'에 대한 물음과도 직결된 문제라고도 할 수 있다.

결국 그것은 '지속'과 '변화'로 설명할 수밖에 없을 것이다. 만약 단절된 어떤 것이라면 그것의 현재 가치를 말할 수 없을 것이며, 미래 가치 또한 기대할 수 없기 때문이다. 즉, 지속과 변화의 양상을 설명하는 일은 그것의 작동 방식을 규명하는 일에 다름아니며, 그것의 미래 가치를 예상할 수 있는 기반을 제공하고, 또한 감성적인 것들로서의 생명력을 제공하는 일이 될 수도 있는 것이다.

그런 의미에서, 일례로 '현재까지 언급된 한恨'은 그 '대표적인 것들'에 포함될 수 없다. 적어도 그것의 현재적인 가치를 재조명하기 전까지는 그렇다는 말이다. 또한 이 말은 과거의 감성 혹은 감성적인 것들이 전혀 의미가 없다는 말은 아니다. 단지 그것에 관한 재조명이 이루어지기 전까지는 그 가치에 대한 평가를 유보해야 한다는 것이다.

다음으로 감성적인 것들의 공간축은 실제의 지역적 혹은 지리적 위치의 확인만으로는 그 가치를 획득하기 어렵다는 점을 인정해야 한다. 공간적인 관점에서의 세계와의 소통을 염두에 둔다면 더욱 그러하다. 이때는 감성적인 것들이 가진 작동 방식의 지역적 차이에 주목하는 것이 더욱 타당할 듯하다. 차이를 밝히는 것은 그 차이를 인정할 수 있는 시작점이 될 수 있으며, 또한 그 차이는 통합적 관점에서의 감성적인 것들에 대한 다양한 해석의 여지를 남겨줄 수 있기 때문이다.

따라서 감성적인 것들에 대한 대표성의 요건으로 '그것이 공간적으로 차이를 드러낼 수 있느냐'에 관한 문제 또한 지도 그리기의 조건에 포함되어야 할 것이다. 이는 물론 각기 다른 자질들로 이루어진 감성적인 것들이 아닌 동일한 자질을 가진 것들을 대상으로 한다. 앞서와 마찬가지로 한恨을 예로 든다면, 이것이 어느 지역에서는 단순한 '슬픔'에 불과할 뿐이요, 어느 지역에서는 '분노'로 인식되며, 어느 지역에서는 '체념'으로 인식되는지 등을 밝히고, 그러한 차이가 발생하는 방식이나 원인을 규명하여, 그것으로써 공간축의 내용으로 삼아야 한다는 것이다.

마지막으로 주제축의 문제는 시공간의 문제와 맞닿아 있다. 만약 주제가 두 축 중에 어느 한 축에서 배제된다면 그것은 주제축으로서의 역할을 담당하지 못한다. 즉, 특정 시기에만 나타나는 현상으로서의 감성적인 것들이라면, 그것은 감성의 현재적 가치를 담보해내지 못하는 결과를 낳는다. 마찬가지로 특정 공간에서만 일어나는 현상으로서의 감성적인 것들이라면 소통코드로서의 감성의 가치를 상실하게 될 것이다.

그러므로 주제를 결정하는 일은 감성적인 것들의 대표성을 인정하는 문제가 된다고도 볼 수 있다. 이미 설정한 시간의 영역에 통시적으로 포함되어야 하며, 어떤 공간에서든지 그 존재를 확인할 수 있는 주제가 설정되어야 한다는 것이다. 모든 감성적인 것들이 이러한 조건을 만족시킬 수는 없겠지만, 적어도 '지도 그리기'에 필요한 항목이라면 이런 최소한의 조건들은 충족시킬 수 있어야 한다는 말이다. 또한 그것은 '코드'로서의 대표성을 획득하게 하는 객관적 기준이 될 수 있다.

이제 이런 모든 조건들을 '배려'라는 감성적 기제에 대입시켜 보자. '배려'는 시간의 축과 공간의 축에서 벗어남이 없다. 마음이든 행위이든 배려는 과거로부터 지속되어 온 현재적 기제임은 확실하다. 더불어 그것이 공간을 배제하지 않음은 주지의 사실이다. 그렇다면 이것을 어떻게 지도화 할 수 있을 것인가.

우선 배려를 상상할 수 있는 대표적인 '지역어'를 통해 가능할 것으로 보인다. 여기에서 말하는 '지역어'는 그것이 내포하거나 함의하는 행위의 면모와 그 결과를 모두 포괄한다. 예를 들어 아주 오랫동안 소식이 없던 자식이 어느 날 불쑥 집에 찾아온 경우를 상정해 보자. 편의상 사투리가 가장 극명하게 차이난다는 두 지역을 예로 삼았다. 여기에서는 "니 왔노?" 혹은 "오메, 이것이 누구다냐?"의 두 가지 반응만 대표적으로 설정한다.

우선 전자에서는 무뚝뚝함이 묻어난다. 보는 사람에 따라서는 그것이 무관심이라고 할 수도 있다. 그러나 이 말이 이루어지는 공간 혹은 상황 맥락과 함께 이해한다면, 즉 많은 말없이 단지 굳게 손을 잡아주는 맥락을 함께 이해한다면, 이에는 더없는 반가움, 너무 기뻐서 슬픈 느낌을 줄 정도의 반가움을 함의하고 있음을 알 수 있을 것이다. 후자라면 반가움의 행위가 보다 적극적이다. 맨발로 마당까지 뛰쳐나가 얼싸안고 기쁜 눈물을 흘리는 상황 맥락 또한 어렵지 않게 유추할 수 있을 것이다.

여기에서 우리는 배려에 대한 행위가 공간에 따라 소극적인 양상과 적극적인 양상으로 대비됨을 볼 수 있다. 그러나 그것은 '양상'만 그러할 뿐, 그 안에 내재된 반가운 마음의 정도는 차이를 느끼지 못한다. 우리가 주목하는 것은 그 마음의 정도라기보다는 양상의 차이이다. 그 차이를 지도에 그려 넣는 것이 감성문화지도 그리기의 한 방식이라는 뜻이다.

또한 이러한 상황에 대해 옛사람들의 방식을 문헌을 통해 고증해 볼 수도 있다. 만약 이러한 모습이 당대의 시대·사회적 배경 안에서 조사될 수 있다면, 현재의 그것과 어떤 유의미한 차이가 있을 것으로 생각된다. 그런 차이를 우리는 시간의 축에 담을 수 있다는 말이다. 물론 이 모든 것들이 남녀에 따라 차이가 있을 수 있고, 연령에 따라 차이를 보일 수도 있지만, 그것을 유의미한 수준으로 인정할 만한 수치적 근거는 없을 것으로 생각된다.

감성문화지도 그리기는 다분히 '현재'를 기준으로 삼을 수밖에 없다. 물론 과거의 지형도를 그리는 것도 무의미한 일은 아니다. 하지만 이러한 지도 그리기는 현재 가치의 토대로서 인정받기 위한 역할에 보다 충실해야 한다는 것이다. 우리가 말하는 현재 가치는 또한 우리의 미래 가치를 위한 또 하나의 과거 가치가 될 수 있기 때문이다.

한국적 감성 찾기의 전제

감성은 이미 시대의 화두가 되었다. 현대라는 시기적 문명이 빚어낸 제 분야에 감성이라는 단어를 결합시키는 일이 매우 자연스러운 현상으로 여겨지는 시대가 된 것이다. 그러나 우리 사회에서 그에 대한 학문적 성찰은 아직 요원하기만 하다. 심리학이나 철학, 뇌 과학 등의 분야에서 나름의 성과를 내놓고는 있으나, 그것 또한 감정에 관한 연구에서 보이는 것처럼 일종의 분류 작업으로 밖에 여겨지지 않는다. 게다가 감성에 대한 인간학적, 인문학적, 한국적 성찰은 거의 전무하다시피 하다.

감정에 대한 이론은 철학적으로 우선 아리스토텔레스를 기원으로 삼을 수 있다. 대부분의 철학자들이 이성을 최우선으로 간주하여 연구했던 것처럼, 특히 소크라테스나 스토아학파 철학자들이 감정에 대해 불합리하거나 원시적으로 간주했던 것처럼 아리스토텔레스 역시 이성에 주안점을 두었으나, 한편으로는 감정에 대한 중요성을 강조하기도 하였다. 반면, 근대 미학적 논의들의 중심은 대부분 감정 개념의 정의에 있었다고 보아도 무방할 것이다. 현대에 이르면 감정의 사회학적 측면에 관한 연구도 진척되고 있다. '감정과 매체', '감정과 공동체', '감정과 민족' 등의 연구가 그런 경향을 대변한다.

그러나 이러한 연구사적 면면에도 불구하고 우리의 상황은 그리 녹록치 않다. 일단 감정 개념에 대한 용어 혹은 그 번역에 대해서도 확실한 정립이 되어 있는 지도 의문이다. 그들이 'emotion'이라는 용어를 어떻게 사용하건 간에 우리에게는 감정과 정서, 그리고 감성이라는 용어가 별개로 존재한다. 용어가 별개로 존재한다 함은 그것들에 관한 우리의 사고가 있다는 것이고, 따라서 이러한 용어들에 대해 우리가 우리말을 통해 우리의 마음 상태를 살펴왔다는 것에 대한 반증이기도 하다.

따라서 감정(혹은 정서나 감성)에 대한 연구에서 가장 기본적으로 고려되어야 할 점은 그것이 자신의 모국어로 표현될 수밖에 없다는 사실을 인정해야 한다는 것이다. 감정이 인간의 보편적 실체이기는 하나 그것이 발현되는 상황과 발현하는 방식, 특히 언어 표현은 그들이 속한 환경에 의해 발현된다는 사실은 분명하기 때문이다. 그러나 이런 점을 망각할 때, 우리는 번역상의 용어, 이를테면 'Feeling, Emotion, Sensibility' 등의 용어에 쉽게 현혹되어 버린다. Wierzbicka는 다음과 같이 말한 바 있다.

> 감정을 연구코져 하는 학자들은 상당 부분 자기 모국어에 의해 제공되는 감정 개념에 의존한다. 이것은 불가피하며 반드시 해로운 것은 아니다. 그들이 이 사실을 알고 있다면, 그리고 그들이 "anger", "joy", "disgust" 등을 언급할 때 그들이 영어권에 국한된 감정을 일컫는 것이 아니고 어떤 生理的으로 결정된 全世界的 人間의 實體에 관해 언급하고 있다는 사실을 망각하지 않는 한 해가 되지 않는다. 즉 그들이 그들의 모국어의 프리즘을 통해 汎世界的 인간의 보편적 감정경험을 살핀다는 것을 알아야 한다.[18]

이런 입장에 동의하면서, 그렇다면 이 개념들에 대해 우리가 흔히 사용하는 사전적 정의는 어떠한가. '감정感情'은 어떤 현상이나 일에 대하여 일어나는 마음이나 느끼는 기분이며, '정

---

18 Wierzbicka, A.(1992a). Semantics, culture, and cognition: Universal human concepts in culture-specific configurations. New York: Oxford University Press: 557. 김기홍, 「感情概念의 定義」, 『언어와 언어학』 제19집(한국외국어대학교 언어연구소, 1993), 20-21쪽, 재인용.

서情緒'는 사람의 마음에 일어나는 여러 가지 감정, 또는 감정을 불러일으키는 기분이나 분위기라고 한다. 그리고 '감성感性'은 자극이나 자극의 변화를 느끼는 성질 혹은 이성理性에 대응되는 개념으로, 외계의 대상을 오관五官으로 감각하고 지각하여 표상을 형성하는 인간의 인식 능력이라고 말한다. 다음 글을 보자.

> 감성은 사전적 정의에 의하면 외부로부터의 감각 자극에 대한 반응이라고 할 수 있다. 외부로부터의 감각 자극은 그것의 축적 형태로 개인의 다양한 생활 경험으로 발전할 수 있다. 생활 경험은 개인의 삶을 결정하는 모든 요소로부터 비롯한다. 이를테면 연령, 성별 등의 개인적 요소에서부터 가족, 자연환경, 사회 환경 등의 사회적 요소, 그리고 전통이나 풍습, 종교, 사상 등의 문화적 요소가 그것이다.[19]

> 感性이란 悟性이나 理性과는 相反된 側面을 가진 人間의 自然事物에 對한 認識能力으로서 悟性이 觀察이나 省察, 또는 思惟的 探究로서 事物을 認識하는 데 비하여 感性은 느낌이나 想像 또는 直觀에 의한 觀照的 態度로서 우리 內面에 心像을 일으

19 이구형, 「감성과 감정의 이해를 통한 감성의 체계적 측정 평가」, 『한국감성과학회지』 Vol. 1.(한국감성과학회, 1998), 118쪽 참조.

키고 美的 情感을 喚起하여 美的 對象의 核心과 本質을 把握하는 認識能力이라고 할 수 있다. 前者가 客觀的이고 論理的 認識으로 思考能力을 통해 概念的이거나, 또는 論理的으로 事物을 把握하고 事實의 因果關係로부터 어떤 法則을 끄집어 낸다면 後者는 主觀的이고 個性的이며 感官的 知覺을 통해서 對象의 內的인 本質을 把握하며 日常生活의 모든 關心이나 慾望을 超越한 觀照的 態度로써 美的 對象을 享受하는 心的作用이라고 할 수 있다.[20]

위의 인용문들은 과학과 미학의 분야에서 내린 감성에 관한 대표적인 정의들이다. 그러나 여기에서 '감성이 무엇이냐?'에 대한 본질적 물음에 답하고자 한다면 이러한 정의는 전혀 의미를 갖지 못할 수도 있다. 감성이나 정서의 속성 혹은 요소들을 분류하고 분석하여 개념화하려는 이러한 시도만으로 우리에게 주는 인문학적 의미는 거의 없다고 보기 때문이다.[21] 다시 말해

---

20 金載衡, 「感性의 美學的 考察」, 『論文集』 제4집(호남대학교, 1984), 560쪽.

21 이 글에서 주목하고자 하는 바는 감정이나 정서라는 이름 아래 분류된 자질-예를 들어 '희노애락애오욕' 같은-들의 개별 특성을 파악하거나 재분류하는 등의 행위가 아니다. 오히려 그렇게 학문적으로 분류된 자질들을 해체하고, 인간학 혹은 인문학적 관점에서 '감성'이라는 이름으로 그 모든 것들을 통섭해보고자 하는 시도라고 보는 것이 알맞다.

'감성이 무엇이냐?'에 담긴 질문의 의도성을 다각도로 바라볼 수 있는 시선이 필요한 것이다. 그것은 단순히 개념의 정의를 묻는 것에서 그치지 않고, 그것이 가지는 메타적 의의를 획득해내고자 하는 의문이기 때문이다.

따라서 이러한 질문에 답하는 것은 '지금 담론의 차원에서 감성에 대해 인문학적 접근을 시도해야 하는 당위'라고 할 수 있다. 물질문명에 억눌려 왜곡되어 가는 감성의 회복, 나아가 인간성의 회복이 시급하다고 보기 때문이다. 그리고 때로는 이성의 대척점으로서, 때로는 이성의 지위에 억눌려 감성이라는 용어 그 자체조차 물질화되어가는 현실을 목도하면서, 인간성의 최후 보루라고 할 인문정신마저 희미해져 가는 작금의 현실에 대항하고 투쟁하며 극복하기 위함이다. 그러기 위해서는 이미 경도된 정서 혹은 감성의 문제를 다시금 성찰하여 그것이 미래 우리 사회의 새로운 인문학적 대안으로 재탄생할 수 있도록 치열한 담론을 전개해야 할 것이다. 이 글에서는 그 과정을 '한국적 감성 찾기'라고 일컫기로 한다.

그러나 지금은 감성 담론의 실체적 정립을 먼저 생각할 때가 아니라 우선은 그에 관한 서론과 초안 등의 시론을 보다 시급하게, 그리고 적극적으로 펼쳐야 할 때라고 본다. 감성에 관해 정립된 그 어떤 것을 내놓기보다는 그것에 관한 일종의 도전적 질문을 던져야 한다는 것이다. 그러한 질문에 답하고 논쟁하는 과정이야말로 감성에 대한 인문학적 성찰에 다름 아니기 때문이다.

따라서 새로운 감성에 대한 정의는 '감정, 정서, 감성' 등의 개념 정의 또한 기존의 심리학적, 뇌 과학적, 공학적, 미학적 개념 등에서 기본적으로 일탈하는 것에서 시작해야 할 것이다. 그리하여 감정과 정서, 그리고 감성 사이의 상관관계와 그 개념에 대해 소통의 측면에서 고찰해봄으로써, 한국적 감성에 관련한 밑그림을 그려내야 하는 것이다. 이러한 밑그림은 좁게는 문학에서 넓게는 인문학 나아가 전 학문 분야에서 다양한 해석과 비판을 제기할 수 있는 하나의 특질적 매개가 될 수도 있을 것이다.

한국적 감성과 체계 정립의 가능성

이성의 대척점으로서 감성이 말해지는 경향은 일종의 오해일 수 있다는 점을 앞서 충분히 말한 바 있다. 이러한 오해가 물론 다분히 감정적 사고 또는 감정적으로 촉발된 행동들을 모두 감성으로 이해했기 때문에 비롯한 것임은 두말 할 나위가 없다. 다시 말하지만 감성은 이성의 대척점에 있어서는 안 된다. 그보다는 오랜 동안 이성의 그늘에서 제 목소리를 감추고 스스로 움츠렸던 주체의 본성이라고 보는 것이 더 알맞다. 그런 까닭에 감성을 다시 들추어내는 것은 '지금', '이 시대'의 인간성 찾기와 다름 아닐 것이며, 그것을 위해 '나'와 '우리'에 다시금 주목하는 것이다.

한국적 감성의 한 일면을 나타내주는 하나로 '다양성'을 들 수 있지 않을까 한다. '다양성'이라는 용어에는 이미 그 어떤 것들에 대한 상호 인정이라는 의미가 내포되어 있다. 특히 한국적인 관점에서 그것들은 대조 혹은 대비되는 것들의 포용에서 비롯한 인정이라고 할 수 있다. 쉽게 말해 상대성을 인정함으로써 포용의 관계가 성립되고, 이것이 삶의 다양성을 드러내게 한다는 것이다.

예를 들어 다른 나라에서는 쉽게 찾아보기 힘든 종교적 포용, 즉 기독교와 불교의 관계, 불교와 무속의 관계 등이 이에 해당한다고 볼 수 있다. 사찰에 칠성각이 함께 있는 현상은 이러한 포용의 가장 적실한 사례가 될 수 있다. 따라서 이러한 다양성은 이성을 기반으로 하는 서구의 합리주의에 의해 재단될 수 없는 가장 한국적인 특성 중의 하나라고 말할 수 있겠다.

한국적 감성을 설명하기 위한 또 다른 사례는 다양성과 관련한 '믿음'이다. 그것도 종교적 믿음에서라면 더욱 그러하다. 서구가 데카르트 등에 의해 철학적 합리주의를 구축하면서 신을 부정하고 이성과 과학을 신봉하였다면, 한국에서는 아직까지도 신 혹은 신적인 것들에 대한 믿음이 다하지 않았다고 볼 수 있다. 이는 신을 부정하는 행위가 두드러지지 않았던 사회 구조가 근대 이후까지 확실한 모습으로 존재했었다는 역사적 사실로부터 증명될 수 있는 문제이다.

무속으로 이해되는 무교는 특히 한국인의 원초적 심성을 형성하는데 지대한 영향을 끼친 종교라고 할 수 있다. 무교에서는 원칙적으로 유일신의 개념이 존재하지 않는다. 그러나 개인이나 소규모의 집단에서라면 무교에서의 유일신의 존재도 인정할 수 있게 된다. 각기 믿고 의지하는 신은 다르지만 그들의 염원하는 것은 원초적으로 같은 것들이다. 다양성을 포용하면서도 믿음은 굳건한 모습을 이런 무교에서 찾아볼 수 있는 것이다.

한국적 감성을 발현하게 하는 원초적 기제 또한 무교에서 찾아볼 수 있다. 모든 종교가 그렇듯 그 종교를 구성하는 인적 요소는 크게 3가지일 것이다. '신-중간자-신도'의 경우가 그것이다. 무교 역시 '신(또는 신적인 존재)-무당-단골'로 구성된다. 그러나 무교에서의 믿음 또는 그 믿음의 발현은 반드시 특정한 판이 필요한데, 이것이 바로 '굿판'이다. 이는 교회나 사찰 등과는 분명 다른 공간이면서도 구체적 믿음의 발현 공간이며 행위 공간이기도 하다.

이렇듯 한국적 감성의 기저에서는 '다양성의 포용'과 그에 대한 '절대적 믿음'이 깔려 있다. 다양성의 포용은 곧 '배려'일 것이요, 배려는 믿음을 전제로 발현되는 감성 행위가 되는 것이다. 결국 한국적 감성 발현의 가장 큰 기제 중의 하나는 '배려'와 '믿음'에서부터 비롯되는 것이라고 할 수 있겠다.

이성은 진보가 가능하다고 한다. 또한 이성의 진보라는 개념은 이미 역사적으로 증명되었다고도 한다. 만약 감성이 이성의 대척점에 서 있었다면 감성 또한 진보가 가능했을지도 모른다. 그러나 감성은 진보가 가능한 어떤 기계적인 작용이나 합리적인 작용이 아니다. 굳이 말한다면, 변천 혹은 변화로 부르는 것이 더 타당하다. 이성적 진보라고 부르는 것들 —그것들의 실체에 대해서도 의문이지만— 에 의해 달라질 수 있는 주체의 마음 상황이 곧 감성적인 것들의 변천을 이끌어낸다고 보기 때문이다. 이 역시 주체가 가진 내면의 다양성을 인정하기 때문에 가능한 이야기가 된다.

감성 체계 정립의 가능성을 논하기 위한 전제로 우선 감성이 학적 연구 대상이 될 수 있느냐의 문제를 먼저 해결해야 할 것 같다. 체계를 정립한다는 것 자체가 학문적 영역으로서의 감성을 인정한다는 말과 다름 아니기 때문이다. 예로부터 어떤 것이 학문적 대상이 되기 위한 필요충분조건은 그것의 과학적 요건에 달려 있었다. 연구의 대상과 결과로서의 그것이 일반성과 보편성, 객관성, 논리적 타당성 등을 갖추고 있느냐의 충족 여부에 달려 있었기 때문이다.

그런 의미에서 본다면 감성은 아직 그 자체로 학적 범주에 포함시키기에는 다소 무리가 있는 것도 사실이다. 이런 이유로 앞장에서 감성과 '문화'와의 접맥을 시도하는 일도 이런 문제 해결의 한 방식일 수 있다고 설명한 바 있다. '감성'과 '문화'를

'연구'와 '활용'의 대상으로 통합하고, 이를 다시 새롭게 정의하는 시도가 필요하다는 것이다.

감성은 마음 상태라기보다는 그것을 포괄하여 마음 상태를 이끌거나 거기에서 행위를 촉발하게 하는 어떤 기제로 본다면, 그리고 문화는 일종의 현상이고, 그 기저에는 주체들의 감성이 내재되어 있다고 본다면, 이들의 상보적 관계는 '감성문화학'의 정립에 주요한 틀이 될 수 있을 것이다.

이를 전제로 본다면 감성은 'Feeling, Emotion, Sensibility' 등의 개념과는 분명 차별이 있어야 하고, 그래야 한국적 감성 찾기, 나아가 한국 감성 체계의 정립이 가능할 것으로 보인다. 그러나 이러한 시도들이 다양하게 이루어져 어떤 결과가 나오지 않는 한 한국적 감성 체계를 정립하는 시도는 공허할 수 있다. 그럼에도 불구하고 여기에서는 체계의 일단이나마 한 사례로 제시해보고자 한다.

[표 1] 한국적 감성 기제의 특성 사례

감성 기제 / 기제 특성	믿음	배려
위치	내면성	외면성
성격	보편성	특수성
양태	정태성	동태성

앞의 표의 경우 한국적 감성을 형성하는 여러 기제 중 특히 '믿음'과 '배려'에 주목하여 가장 특징적인 요소들이라고 여겨지는 것들을 간략하게 제시해 본 것이다. 이 중 '배려'의 특수성은 그것이 '정情'을 기저로 하고 있다는 점을 고려한 배치이다. 정이 한국적 감성의 독특한 표현 방식 중의 한 가지임은 누구도 부인하지 않을 것이다. 믿음이나 배려가 한국인뿐만 아니라 인간이라면 누구나 갖고 있는 요소이겠지만, 거기에 더해 구별될 수 있는 한국적인 어떤 것을 찾아야 한다는 의미이다.

이런 방식으로나마 가장 한국적이라고 여겨지는 매개체를 찾아 상호 연관시키는 작업이 이 시점에서 가장 필요하다고 여겨진다. 즉, 이렇게 막연한 체계로 끝나서는 안 될 것이며, 각각의 기제가 갖는 특성에 대하여 좀 더 세밀하고도 정치한, 그리고 실증적인 연구가 더해짐으로써만이 한국적 감성과 그 체계를 완성할 수 있다는 점을 명심해야 한다.

이 지점에서 '감성적인 것들'에 대한 진지한 고민이 필요하다. 감성 체계가 불가능하다고 여기는 시선들에게 그 가능성을 보여줄 수 있는 구체적 길이 될 수도 있기 때문이다. 이때 필요한 것은 한국적 정서의 인정이다. 예를 들어 한恨의 경우처럼, 그것이 긍정적이든 부정적이든 그 존재를 인정한다면, 그것을 형성하게 하는 어떤 기제 혹은 메커니즘도 분명 존재한다는 말이 된다. 마음 행위나 상태는 언제나 유동적이라고 볼 수 있기 때문이다.

따라서 그 기제는 언제나 '감성적인 것들'이라는 범주 안에서 호명되어 왔으며, 그 인지 여부와는 관계없이 언제나 우리 주변에서 작용해 왔다고 보인다. 우리는 여기에서 특별히 그것들 사이의 규칙적 관계나 작용 방식을 메커니즘이라고 부를 수 있다. 결국 이런 전체적 작용 혹은 작동 방식의 총합이 바로 감성이라고 할 수 있으며, 더불어 그 감성적인 것들을 밝혀내는 것이 곧 감성을 밝히는 것이 아닐까 한다.

역으로 보자면, 감성 그 자체보다는 감성적인 것들의 체계를 정립하는 것이 먼저일 수도 있다는 의미가 된다. 감성적인 것들은 감성보다는 좀 더 구체적이며 현상적인 것들이다. 따라서 그 체계를 정립하는 일도 보다 구체적일 수 있다. 그러므로 감성적인 것들에 대한 체계를 정립하는 일은 감성 체계를 정립하는 일의 출발이자 결과일 수도 있는 것이다.

그러나 실제로 감성 체계를 정립하는 시도 자체가 막막한 일일 수도 있다. 감성 혹은 감성적인 것들에 대한 그 어떤 토대조차 찾아보기 어렵기 때문이다. 또한 그것은 동의同意의 문제와도 관련되어 있다. 앞서 말했던 감성의 현재적 위치를 고려한다면, 감성 혹은 감성적인 것들에 대한 다방면에서의 동의는 필수조건이겠으나, 그것 또한 만만치 않은 일인 것이다.

그렇다면 감성 혹은 감성적인 것들에 대한 체계화 이전에 그것의 사회적 동의를 위한 제도화를 먼저 시도해 볼 수도 있겠다. 이러한 제도화의 시도 이후 생겨난 결과나 그 방식들을 다시 유효한 개념으로 이론화시키는 작업을 선행하는 것이다. 그리고 차후 이것들을 통합하는 과정에서 그 체계 정립의 시도가 올바르게 이루어지지 않을까 하는 생각이다.

여기에서 '제도화'란 구체적으로 무엇을 말하는가. 예를 들어 우리를 눈물 나게 하는 것들이 있다고 하자. 그것은 대개 우리에게 슬픔을 안겨다 주는 것들이다. 그렇다면 그 대상을 정확히 파악하고 난 이후, 그 반대편에 있는 것들, 즉 눈물 나게 하는 것들을 배제할 수 있는 반대편 지점의 어떤 것에 우리의 마음을 실어준다는 것, 또는 그 마음 행위를 발현하는 것이다.

이것이 제도화의 시작이라고 할 수 있다. 어떤 방식으로 마음을 실어줄 수 있는가, 마음 행위의 결과는 어떠한 형태로 발현하는가에 대한 경험과 학습의 총량을 체계화하고 이론화시키는 일인 것이다. 즉, 눈물 나게 했던 것들의 반대편의 지점에서 개인의 마음이 발현하는 방식과 집단적 마음 행위의 발현 방식의 동이점同異點을 찾아내는 것 등이 이에 해당하는 방식이 될 수도 있을 것이다.

반대로 우리를 눈물 나게 하는 것들 중에는 우리를 오히려 기쁘게 하는 것들도 있다. 이런 경우 그것 자체에 우리의 마음을 더욱 실어줄 수 있는 방식은 무엇이고, 그 결과는 어떠한가를 살피는 일도 앞서의 방식과 동시에 진행될 수 있다. 이 또한 제도화의 긍정적 면모를 드러내는 작업이 될 수 있을 것이다. 이런 작업의 총화는 결국 그것에 대한 지도 그리기를 가능하게 하는 한 방식일 수도 있다.

결국 이런 과정을 종합해보면, 우리는 우리의 감성적 움직임이 언제, 어떻게, 어떤 방식으로 움직이며, 어떤 모습으로 발현하는가에 대한 일정한 패턴을 찾아낼 수 있을 것으로 생각한다. 이러한 패턴의 안정화가 바로 체계 정립의 구체적 모델이 될 수 있지 않을까 한다. 이러한 방식으로 완성되어 가는 감성 체계는 세계와의 열린 소통에도 기여할 수 있다. 세계와 소통할 수 있는 감성 혹은 감성적인 것들은 당연히 상호 관련성을 가져야 하며, 그렇게 되어야만 열린 마음을 기대할 수 있다. 따라서 우리 역시 '믿음'과 '배려'를 토대로 이 같은 기제들의 역할에 관한 한국적 의미를 적극적으로 부여해야 하는 것이다.

결국 한국적 감성이 어떤 소통 코드로 작용하기 위해서는 단순히 각 지역이나 장소 간의 독특한 감성 자질들과의 비교를 통해 우월적 지위를 확보하게 하는 것으로 그쳐서는 안 될 것이다. 소통 코드가 되기 위해서 가장 전제가 되어야 하는 것은 감성이 사람의 문제라는 관점을 유지하는 일이다.

다시 말해 어떠한 감성 자질이건 간에 그것이 사람과 사람 사이의 관계를 회복하게 하고, 문화와 문화 사이의 거리를 좁힐 수 있는 자질을 갖추어야 한다는 것이다. 이러한 전제를 먼저 해결하고 나서, 다시 그 자질들을 분석하고 분류하는 과정을 통해 특정 감성 자질의 소통적 역할을 기대할 수 있을 것으로 생각한다. 간혹 우리는 '한류'를 우리 식의 감성이 동아시아에 펼쳐진 대표적인 사례로 들곤 한다. 한국인의 정서가 묻어나는 드라마로써 동아시아인들의 감성을 긍정적으로 자극한 결과가 곧 '한류'라는 매우 초보적인 인식에 젖어 있는 것이다. 과연 그러한가에 대해서는 다시금 진지하게 성찰해 볼 일이다.

엄밀하게 보자면 그들이 열광하는 것은 드라마나 음악이 아닌 연예인라고 불리는 특정 '사람들'이다. 만약 그 '사람들'이 열광의 대상이 아니었다면 그들은 드라마나 음악뿐만이 아니라 우리의 문학, 미술 등 우리 문화 전반에 관해 열광했어야 한다. 그러나 현실은 전혀 그렇지 않았다. 그들은 특정 매개물을 타고 들어온 '사람들'에게 열광했던 것이다. 그런데 그 '사람들'이 한국적 정서를 대표하는 사람이라고 말할 수 있을까.

어쨌든 우리는 현재 우리의 문화예술이 현대적인 상품 형식에 의해 조건 지워지는 문화 현상과 그 파편화가 극에 달한 상태임을 목도하고 있다. 감성을 통하여 열린 소통을 지향하는 과정에서 이러한 현상을 벗어날 수 있는 방안은 하나다. 인문

정신의 부활 혹은 인간학의 재정립이라는 측면에서 감성의 정형화를 탈피할 수 있는 방안을 모색해야 한다는 것이다. 그 과정에서 감성이 어떠한 역할을 수행할 수 있는지에 대한 대안적 방안도 함께 모색되어질 수 있음은 물론이다.

제2장

감성의 발현

감성 발현의 원초적 기제

두려움, 그리고 소외의 양면성

감성은 감정을 토대로 생성된다. 따라서 감성을 말해야 한다면 우선 감정에 관한 사고가 먼저이어야 함은 당연하다. 인간의 감정을 이야기할 때 가장 먼저 고려해야 할 마음 상태는 '두려움[공포감恐怖感]'일 것이다. 왜냐하면 그와 같은 느낌은 인간이 태어나자마자 느끼게 되는 가장 원초적인 감정이기 때문이다. 그 두려움은 인간이 모체로부터 비롯되었으나 그곳으로부터 분리될 지도 모른다는 불안함이 결국 탄생이라는 행위에 의해 '실체적 두려움'으로 폭발한다. 따라서 두려움은 인간이 가지는 최초의 감정이라고도 말할 수 있다.

'내던져짐' 또한 두려움의 원초적 기제이다. 모체로부터 강제로 내던져지는 것에서 오는 두려움은 더 말할 나위도 없거니와, 인간이 가장 처음 접하는 '낯섦'에 대한 두려움 또한 여기에서 기인한다. 마치 동굴 안[모체母體]에서 동굴 밖[자연自然 혹은 세계世界] 미지의 어떤 곳으로 나왔을 때 느끼는 그런 두려움이다. 결국 인간은 태어났을 때부터 두려움에 노출될 수밖에 없었으며, 이후 성장 과정 또한 두려운 것에 대한 경험의 축적 과정이라고도 말할 수 있다.

따라서 '두려움'과 그로부터의 '소외'는 매우 의도적인 의미임을 전제한다. 그런 까닭에 이 글에서 말하고자 하는 소외의 개념 역시 일반적인 정의와는 다를 수밖에 없다. 『브리태니커』에 의하면 현대 사회에서의 소외는 크게 6가지 의미를 가진다고 한다. 무력감, 무의미성, 무규범성, 문화적 소외, 사회적 고립, 자기 소외가 그것이다. 먼저 무력감은 자신의 운명이 자기 스스로의 통제에 따르지 않고 외적인 힘이나 숙명, 또는 운이나 제도의 작용에 의해 결정되는 듯한 느낌을 의미하며, 무의미성은 세상사나 대인 관계와 같은 모든 활동 영역에서의 이해 가능성 또는 일관된 의미의 부재, 또는 삶에 대한 전반적인 목적 상실감 등을 말한다.

또한 무규범성은 공유된 사회적 행위 규범을 지키지 않음으로써 광범위한 비행의 확산, 불신, 무제한적인 개인의 경쟁 등을 초래하는 것을 말하며, 문화적 소외란 사회의 기존 가치들로부터 멀어져 있는 듯한 감정으로, 예를 들면 관습적인 제도에 대한 지식인이나 학생들의 저항에서 볼 수 있는 감정 등을 의미한다. 사회적 고립이란 사회적 관계에서 느끼는 고독감이나 배척감, 즉 소수집단의 구성원들 사이에서 나타나는 고립감이며, 자기 소외는 정의하기가 가장 어려운 개념이면서 어떤 의미에서는 중심 주제가 되는 문제로, 여러 가지 점에서 자기 스스로에 대해 느끼는 괴리감을 의미한다. 여기에서 우리는 '자기 소외'를 주목할 필요가 있다. 이는 헤겔의 변증법에서 발전한 헤겔의 소외론이라고 할 수 있다.

> 헤겔의 변증법에서는 이념Idea이 발전의 단서가 되어 있다. 이념이 일단 자기를 부정하고 밖으로 나간 것이 자연이다. 즉 자연이란 이념이 자기를 소외한 것, 他在의 형태에 있어서의 이념이다. (중략) 이러한 '자연'이 다시 자기로 돌아 온 것이 정신이다. 즉 이념이 자연에서의 자기 소외를 지양aufheben해서 자기에게로 되돌아 온 것이 정신이다. 타재의 형태에서의 이념인 자연이 이와 같이 발전하여 인간에 이르러 정신이 되고, 주관적 정신, 객관적 정신을 거쳐 절대정신으로 고양되고, 이념은 자기 소외를 지양하여 자기 자신으로 귀환하는 것이다. 다시 말하면 주체가 자기를 소외(=대상화)하고, 그 소외를 지양하는 경우, '소외의 지양'이란 자기소외 했던 것을 다시 자기의 것으로 만들어, 보다 고차적인 자각에 도달함을 의

미한다.[1]

바로 이러한 소외의 일면들 중에서 주체가 오히려 의도적으로 벗어나고자 하는 움직임을 보이는 것[소외의 지양], 그 자체를 이 글에서는 소외의 개념으로 삼은 것이다. 이런 점에서 소외는 우선 수동성과 능동성을 전제로 하는 양면성을 가질 수밖에 없다. 수동적 소외란 앞서 말한 모체로부터의 분리, 즉 타재他在로부터 소외됨을 의미하며, 주체의 의지와는 상관없는 소외가 된다. 그리고 능동적 소외란 수동적 소외에서 오는 두려움에서 벗어나고픈 적극적인 욕망 행위, 즉 그 소외를 지양함을 의미한다. 따라서 능동적 소외는 주체의 전 생애에 걸쳐 일어난다고 보는 것이 타당할 것이다.[2]

---

1 안형관, 김상은, 『소외와 정의-K.Marx와 J.Rayls를 중심으로』(이문출판사, 1989), 24쪽.

2 물론 수동적 소외와 능동적 소외는 지속적인 상호 관련성을 갖는다. 줄리아 크리스테바의 아브젝시옹(abjection, 모체기각)에 관한 논의가 이를 적실히 보여주고 있다. 그러나 그녀는 문제는 이 아브젝시옹이 충분히 강하지 않다는 점, 즉 주체가 모체를 완전히 추방할 수 없다는 사실에 놓여 있다고 말한다. 주체는 상징 세계로 편입해 들어가기 위해 어머니를 박탈하려는 시도를 하지만, 그것은 곧 나르시시즘의 위기를 초래할 뿐이다. 그런 까닭에 아브젝시옹은 모체와의 분리 충동[수동적 소외]과 결합 충동[능동적 소외]이라는 이중적인 양상을 지닌다고 본 것이다.(줄리아 크리스테바 저, 서민원 옮김, 『공포의 권력』, 동문선, 2001, 36~40쪽 참조.)

따라서 이러한 소외 행위는 주체가 가진 인식, 특히 대표적인 외부 자극이라고 할 수 있는 자연(혹은 세계)[3]에 대한 인식에 따라 달라질 수밖에 없다. 이를 주체의 자연(혹은 세계) 인식이라고 한다면, 주체는 자신이 가진 두려움에 대해 어떻게 대처하느냐에 따라 그 인식의 척도와 행위가 다르게 된다. 상식의 선에서, 이러한 인식은 크게 두 가지로 구분된다. 두려운 대상으로서의 자연을 극복 혹은 투쟁의 대상으로 삼느냐, 아니면 소통과 융화의 대상으로 삼느냐의 인식이 그것이다. 이들에 대해 우리는 일반적으로 각각 서구적 세계관과 동양적 세계관이라고 이름하기도 한다. 이 부분에서 우리는 자연과 인간 사이의 관계 인식이 감성 인식의 한 모델이 될 수 있는 가능성, 즉 감성의 인문학적 접근에 대한 가능성을 엿볼 수 있다.

즉, 주체가 두려움에서 벗어나고자 하는 본질적 욕망으로서 소외를 대할 때, 다시 말해 소외의 지양을 행할 때 감성은 그 어떤 기제로 작용할 수 있다. 어떤 두려운 것을 떨쳐내지 못할 때 우리는 종종 스스로 소외되길 욕망한다. 물질문명이 지배하는 현대에 이르면 이러한 욕망은 개인의 문제를 넘어 사회의 문제로 확대된다. 그러면서도 특정한 외부적 요건이 충족되었

---

3 본문에서 자연은 주체의 외부 자극이라는 관점에서 세계와 동일 개념으로 사용하며, 이후 논의의 편의에 따라 두 용어를 혼용하기로 한다.

을 때[4] 주체는 소외로부터 뛰쳐나와 두려움을 떨쳐내고자 한다. 그런 경우 대부분 집단 정서에 기대는 경우가 많다. 여기에서 우리는 치유적 기제로서의 감성의 가능성을 탐색할 수도 있는 것이다.

'감성'에 대한 학문적 접근에서도 소외의 또 다른 일면을 볼 수 있다. 물론 이 부분에서는 스스로 소외당하는 길을 걸었을 수도 있다. 인문학을 이야기할 때 대개는 '감성적인 것'을 전제하거나 내포한다고는 하지만, 그것을 직접적으로 드러내거나 드러내려는 시도는 없었다고 말할 수 있다. 그렇기 때문에 현재 인문학에서 감성을 이야기하는 것은 그 자체로 감상적이 되고 말았으며, 자기 소외의 덫에서 헤어 나오지 못하고 있는 것이다.

4 이러한 때는 대부분 긍정적 요건인 경우가 많다. 예를 들어 2002 월드컵 당시의 집단 응원이나 촛불 집회 같은 경우를 들 수 있겠다.

감정과 정서, 그리고 주체의 경험적 작용

초기 인류의 시대, 이른바 원시 시대는 감정의 시대라고 할 수 있다. 이때는 오로지 생존을 위한 원초적 감정이 지배하던 시기였기 때문이다. 따라서 당시의 인류는 자연을 의식하지 못했다고 볼 수 있다. 그 자신이 바로 자연이었던 것이다. 태어나서부터 생존을 위한 사투를 벌여야 했던 그들에게 외부 자극은 두려움 그 자체였다. 그들에게 두려움을 느끼게 하는 자연은, 따라서 극복의 대상이 아닌 존숭의 대상이 될 수밖에 없었다. 그리고 그 구체적인 두려움의 대상이 자연임을 의식하게 되었을 때부터 자연은 그들에게 신앙으로 다가선다.

이때부터 애니미즘이나 토테미즘 같은 원시적 신앙이 발생하였고, 인류 역시 자연의 일부임을 인식하는 인지의 초기 과정에 들어간다고 할 수 있다. 그렇다면 원초적 감정에 이러한 인지 활동이 결합됨으로써 인간의 정신은 감정의 층위를 넘어 정서의 층위로 확대되지 않았을까 하는 의문을 제기할 수 있겠다. 이러한 의문에 대한 답은 '쓰기'라는 구체적인 표현 행위로 설명이 가능하리라 생각된다.

초기 인류가 자연을 인식하면서부터 그들의 기본적인 쓰기 행위가 발생했다고 추측할 수 있다. 동굴 벽화는 그 좋은 예에 해당한다. 물론 당시 인류가 쓰기 행위를 시작한 원인은 두려움을 배제하고, 나아가 좀 더 나은 삶을 위한 염원에서 비롯되었다고 할 수 있다. 그러나 이때의 인류가 가진 인식은 사색이나 사유에서 나오는 인위적 앎, 즉 지성이나 이성에서 비롯된 앎이 아닌 자연발생적인 앎, 나아가 삶에 대한 체험 혹은 경험에서 오는 자연적 인식으로서의 앎이었을 것이다.

이러한 쓰기 행위의 경험과 그 축적은 감정의 정서로의 치환을 가능하게 하는 하나의 매개가 될 수 있을 것이다. 문자의 발명은 이러한 치환에 결정적 구실을 하게 된다. 감정에 대한 주체들의 개별 작용들은 경험이라는 이름으로 축적되고, 이렇게 축적된 그들의 경험은 주체의 판단 작용에 의해 문자를 통해 구체적으로 표현된다. 즉, 축적된 경험을 구체적인 쓰기로 표현하면서 정서라는 개념이 탄생한다고 보는 것이다. 나아가 그 축적된 표현물은 다시 과학적 인식, 즉 이성의 근원이 되는 선순환적 관계로 발전할 수도 있다.

자연에 대한 사람들의 인식이 바뀌는 시대에 이르면 곧 이성이 지배하는 세계가 시작된다. 이때를 일러 신화의 시대라고도 할 수 있겠다. 원시를 넘어 고대국가가 성립하는 시기와도 맞물린다. 신화의 시대는 감정과 정서가 혼합되는 양상을 보인다. 〈단군신화〉에도 이러한 양상은 잘 나타나 있다. 다음은 〈단군신화〉의 서사 구조이다.

1-① 환인이 환웅의 뜻을 알고 천부인 세 개를 준다.
② 환웅은 무리를 이끌고 신단수 아래로 내려와 신시를 베푼다.
③ 환웅이 풍백과 운사, 우사로 하여금 농사와 생명, 질병, 형벌 및 선악을 관장하게 한다.
2-① 이때 곰과 호랑이가 사람이 되고자 소원한다.
② 환웅이 이들에게 쑥과 마늘을 주고 동굴에서 100일을 지내게 한다.
③ 호랑이는 포기하였으나, 곰은 견디어 계집아이가 된다.
④ 환웅이 곰[웅녀]과 결혼하여 단군왕검이 탄생한다.
3-① 단군이 조선을 세우고, 1,500년을 다스린다.
② 단군은 아사달에 숨어 살며 산신이 된다.

위의 서사 구조에서 보다시피 환웅은 인간이 되고 싶다는 호랑이와 곰에게 쑥과 마늘을 주고 100일 동안 햇빛을 보지 말라는 금제를 내린다. 그러나 호랑이는 이를 견디지 못했고, 반면 곰은 3·7일이라는 일정한 기간 동안에 원화위인願化爲人을 위한 동굴생활과 음식 금기를 지켜냈다. 그리하여 인간이 된 곰은 웅녀가 되고, 이 웅녀와 환웅이 혼인하여 단군왕검이 탄생한다는 것이 신화의 주요 내용이다.

여기에서 신화의 주요 주인공 중의 하나인 곰은 토템의 상징임을 알 수 있다. 토테미즘이란 일반적으로 동물이나 식물과 같은 자연 대상물과 인간이 신비적 관계 또는 친족 관계가 있다는 믿음에 근거한 복합적인 관념이나 의식을 말한다. 물론 이러한 믿음은 두려운 것에 대한 극복 의지의 다른 표현이다. 영적인 존재들이 인간의 일에 관여하거나 개입할 수 있다는 정령신앙[애니미즘]과는 약간의 차이를 보인다.

이러한 토템에 대한 일반적인 성격을 고려할 때, 당대인들에게는 토템의 대상이 두려웠던 일종의 외부 자극일 수도 있다. 따라서 하늘의 신[환웅桓雄]과 땅(혹은 물)의 신[곰熊]의 혼인으로 그들을 지배할 인간을 나오게 하였으니, 그것이 곧 두려움 극복에 있어 두려운 대상에의 믿음 — 신비적 관계라거나 친족 관계에 있다는 — 또는 경험적 판단 작용에 의한 그들의 경배 행위에 다름 아닌 것이다. 그리고 그런 행위는 풍요로운 삶을 위한 집단적 염원의 표현일 수도 있다. 게다가 100일이라는 시간 동안 쑥과 마늘만 먹거나, 햇빛을 보지 못하게 한 금기 사항은 두려움 극복을 위한 일종의 인위적 조건, 또는 어떤 통과의례였을지도 모른다.

결국 이러한 과정에 이르기까지 그들의 두려움에 대한 축적된 경험은 집단의 결속이라는 구체적인 극복 방식을 찾게 하였고, 그러한 결속은 이후 역으로 그들 자신을 옭아매는 구속의 형태로 존속하기도 하였다. 그러한 구속이 인간에 의한 인간의 지배임은 더 말할 나위도 없다. 이때부터 자연에서 비롯되는 것이 아닌 인위적인 두려움이 발생한다. 두려움과 인간, 인간과 인간 사이의 모순이 인식되는 시점이라고도 할 수 있겠다.

> 정서는 모순되는 충동의 갈등이기 때문에 거기에는 필연적으로 고통의 문제가 수반된다. 이 고통이 충동의 갈등을 조화시키는 데 더 知的 과정으로 관여하게 됨은 당연하다. 감정은 촉발된 감동상태로서 일반적으로 진행된다는 점에서 이 정서와 차이가 생기게 된다.[5]

위의 진술이 시사하는 바는 '지적知的 과정'이라는 어구에 있다. '촉발된 감동 상태'로서의 감정은 바로 이러한 과정을 통해

---

5 김대행, 『고려시가의 정서』(개문사, 1985), 8쪽.

정서로 나아간다고 본 것이다. 일반적으로 가장 한국의 정서로 보는 것에는 '희노애락애오욕喜怒哀樂愛惡欲'이 있다고 한다. 그러나 엄밀히 본다면 그것은 감동 혹은 느낌의 상태, 즉 감정 쪽으로 더 가깝게 보는 것이 타당할 듯하다. 물론 이것들 자체로 감정의 상태일 수는 있다. 그러나 이러한 감정을 일으키는 감동 상태의 매개-그것이 두려움이든 아니든-가 분명 존재하므로, 이것들과의 결합에 의해 생겨난 완성된 감동의 상태, 즉 우리가 흔히 말하는 '감정'이 되는 것이다. 다시 말해 감동 상태의 매개, 혹은 감동 상태를 유발시키는 대상이 무엇이냐에 따라 거기에 대응하는 주체의 경험적 작용이 축적되어 나타나는 온전한 마음의 상태라고도 할 수 있겠다. 이때 주체의 경험적 작용은 그것이 긍정적이든 부정적이든 상관하지 않는다.

앞 장에서도 언급한 바 있지만, 조선시대의 '사단칠정론四端七情論'은 감정과 정서의 관계를 설명하는 데 있어 매우 유용한 논박[6]이 될 수 있다. 이 시기 성리학에서 '인간의 본성에 따른 마음인 사단四端'과 '인간의 감정인 칠정七情'이 어떤 관

6 여기에서 사단칠정론을 언급하는 것이 적절하지 않을 수도 있다. 왜냐하면 그 이전의 시기, 즉 불교가 당대의 주류 사상이었던 시기의 감성을 말할 때 이것의 적용이 쉽지 않기 때문이다. 따라서 여기에서의 언급은 이 글의 내용에 대한 하나의 사례로 삼을 뿐임을 밝힌다.

계에 있는지에 대해 각 학파의 입장이 서로 달랐음은 주지의 사실이다. 따라서 이러한 견해 차이에 따른 논박은 조선의 성리학을 학문적으로 한 단계 상승시킨 결과를 가져오게 하였다. 그중에서도 사단칠정론은 흔히 이황과 기대승의 성리학 논쟁을 말할 때 사용되는 용어이다. 사단은 맹자가 말한 '측은지심惻隱之心[인仁], 수오지심羞惡之心[의義], 사양지심辭讓之心[예禮], 시비지심是非之心[지智]'에서 인의예지仁義禮智를 각 단端으로 모아 쓴 개념이며, 칠정은 『예기禮記』에 나오는 사람이 가지고 있는 일곱 가지 감정, 즉 희노애구애오욕喜怒哀懼愛惡欲을 말하는 개념이다.[7]

이에 의하여 당대에서 통용되었던 마음의 문제를 현재적 개념의 감정과 정서로 치환해 본다면, 칠정은 감정에 가깝고, 사단은 여기에서 비롯하는 정서에 가깝다고 할 수 있다. '원초적 감동의 상태'로부터 '희노애구애오욕'이 발생하였고, 이것을 완성된 감정이라고 볼 수 있다는 것이다. 여기에 다시 '감정 상황'에 대한 주체의 긍정적 행위 경험들이 축적, 혹은 학습되면서 비롯한 마음의 상태를 '정서'라고 볼 수 있는 것이다. 따라서 정서는 '인의예지仁義禮智'의 마음 상태, 즉 '측은지심, 수오지심,

7 이 칠정에 대한 개념은 후대에 이르러 『중용(中庸)』에서 말하는 '희노애락애오욕(喜怒哀樂愛惡欲)'으로 변모하였다.

사양지심, 시비지심'이라고 할 수 있겠다. 물론 정서가 이런 상태로 정지되어 있는 듯 보일 수도 있지만, 실은 정서는 그 자체로 발현하거나 혹은 그 이상의 상태로 발현되기 위해 숨겨진 현상으로 보인다. 물론 그 이상의 상태로 발현하기 위해서는 반드시 일정한 자극이 필요할 것이다.

정서와 감성, 그 이성적 승화

감성은 정서로부터 비롯하는 무실체적 개념[8]이라고 할 수 있다. '정서로부터 비롯한다.'고 함은 감성이 어떤 이성적, 혹은 지적 외부 자극으로부터 촉발됨을 의미한다. 감성의 본질적 모습이 마음 상태인 점을 감안하면 이러한 외부 자극을 인정할 수 없다는 이견이 있을 수 있다.[9] 그러나 그렇게 된다면 감성의 인문학적 접근 나아가 감성인문학의 성립은 요원한 일이 될 수

---

8 실제가 없다는 의미가 아니라 보는 시선에 따라 대상이 무한히 달리 보일 수 있다는 의미에서 '무실체'라는 용어를 사용한다.

9 이러한 이견은 감성이 아닌 감수성의 측면에서 발생할 것으로 생각된다. 특히 감수성에 관한 문제는 개인 감성의 형성, 축적, 신장 등의 측면에서 주요한 역할 모델로 재론되어야 할 것으로 보인다.

밖에 없다. 정서나 감성이 모두 같은 뜻의 다른 이름에 불과해질 뿐이기 때문이다. 이는 감정과 정서의 문제에서도 마찬가지다.

감정 상황에 대한 경험, 즉 정서는 기억 혹은 기억력과도 관련이 깊다. 이것은 외부 자극에 의해 생기는 인위적 현상이라고 보기 때문이다. 따라서 경험의 축적은 기억의 축적이라고도 하겠다. 이에 관하여 프로이트의 말을 빌려 보자.

> 기억력이 없는 지각조직은 우리의 의식으로 보아서는 참으로 다종다양한 감성적인 질을 제시한다. 거꾸로, 가장 깊이 새겨진 것까지도 포함하여 우리의 기억은 그 자체로는 무의식적인 것이다. 물론 그것은 의식화될 수 있다. 그러나 우리의 기억은 무의식 상태에서도 각종 작용을 전개한다는 것은 의심할 여지가 없다. 우리가 성격이라고 부르는 것은 우리 인상의 기억 흔적에 입각하고 있는 것이다. 더욱이 우리에게 가장 강하게 작용한 여러 인상은 바로 우리의 유년기의 것이며, 거의 절대로 의식화되지 않는 인상이다. 그러나 기억이 다시 의식화되면 그것들은 감정적인 질을 전혀 나타내지 않거나, 혹은 지각에 비해서 매우 미약한 질을 나타내거나 한다.[10]

---

10 지그문트 프로이트 지음, 김양순 옮김, 『정신분석입문 / 꿈의 해석』(동서문화사, 2007), 948쪽.

기억 그 자체로는 무의식적인 것이면서 의식화될 수 있다는 것, 이것은 감정이 정서로 치환될 수 있는 가능성을 보여주는 대목이다. 특히 유년기의 기억이라면 그것은 그대로 자신의 정서로 굳어질 가능성이 크다. 무의식적인 형태로 흔적만 남아있는 것이 아니라 의식화의 과정을 거쳐 고정된 심상으로 남아 있게 되기 때문이다. 앞서 김대행은 정서를 '모순되는 충동의 갈등'이라고 정의한 바 있다. 이러한 갈등 상황을 극복하는 과정이 바로 의식화의 과정이라고 볼 수 있지 않을까 한다.

다시 돌아가 앞서 말한 '인의예지仁義禮智', 즉 사단四端의 개념에 정서의 개념을 대입해보자. 먼저 인仁은 측은지심으로 표현되는 바, 이는 슬퍼하는 것과 슬퍼하지 않는 것의 갈등이라고 볼 수 있다. 이는 '슬퍼하는 것'과 '슬퍼하지 않는 것'을 유발하는 감정 상황에 대해 주체의 축적된 경험적 작용이 있기에 비로소 가능해지는 갈등 상황인 것이며, 이의 극복 상황에 따라 주체는 긍정 혹은 부정의 정서를 갖게 되는 것이다.

그렇다면 의義는 어떠한가. 의롭지 못한 것을 부끄러워하고 미워하거나[수오지심羞惡之心] 아니면 무시해버리거나 그 사이의 갈등일 것이다. 또한 예禮는 사양하거나[사양지심辭讓之心] 그렇지 않거나의 갈등으로, 인간과 세계 사이의 관계를 규정지을 수도 있는 개념이라고 여겨진다. 마지막으로 지智는 옳고 그름을 가릴 줄 아는가[시비지심是非之心] 그렇지 않는가의 갈등이라고 할 수 있다. 이러한 갈등 상황은 결국 인간이 처할 수 있는 감정 상황에 인위적 충돌을 조장함으로써 긍정적 가치를 획득하려는 체제의 산물일 수도 있다. 그러나 이러한 갈등들이 인간의 정서를 긍정적으로든 부정적으로든 규정해버린다는 점만은 분명한 것으로 보인다.

이러한 정서는 마치 기억과 같이 내재한다. 그리하여 그것은 때로는 '쓰기'로, 때로는 '몸짓'으로 표현된다. 불현듯 맞닥뜨리는 외부 자극, 특히 두렵거나 불안한, 그리고 그것이 삶과 죽음에 직접적으로 연관된 것들이라면 그 표현은 보다 직접적이라고 할 수 있다. 선사의 흔적인 반구대 암각화에서부터 죽음에 대한 정화의 몸짓인 씻김굿까지 시공간을 막론하고 실로 다양한 방식으로 표현되고 있는 것이다.

이제 정서에 관한 이러한 정의에 동의한다면 감성이란 이런 갈등이 해소된 어떤 경지 혹은 해소시키기 위한 어떤 행위가 되지 않을까 한다. 물론 갈등의 해소에는 매개가 있기 마련이다. 여기에서는 그 매개를 '이성' 혹은 '지성'이라고 말하고 싶다. 다시 말해서 정서의 이성적 승화가 감성으로 귀결된다는 것이다. 따라서 '그것이 무엇이다'고 단정적으로 말할 수는 없지만, 적어도 감성이 이성의 한 대척점으로 여겨져서는 안 된다고 생각한다.

한국(인)의 대표적인 정서 혹은 감성으로 '한恨' 또는 '신명'을 드는 경우가 종종 있다. 그러나 그것들이 대표적이라고 불리는 것도 어불성설이며, 그렇게 불릴 만한 근거 또한 박약하다고 보인다. '여백'이니 '순백'이니 하는 따위의 것들도 마찬가지이다. 이들은 모두 특정인의 인상에 불과할 뿐이다. 물론 이것들이 정서나 감성과 전혀 관련이 없다고는 보지 않는다. 다만 그것이 감성담론의 전부이어서는 안 되며, 오히려 정서나 감성의 한 자질 혹은 요소로서 성찰할 필요가 있다는 의미이다. 즉 이들 요소들을 오히려 정서의 이성적 승화 단계에서 표현되는 어떤 예술적인 특성, 혹은 미학적 특성으로 보는 것이 더 타당하지 않을까 한다.

예술적이라 함은 이미 그것에 이성 혹은 지성의 작용이 투영되었음을 전제한다. 따라서 어떤 정서에 대한 부정적 극복은 한恨으로 표현되는 것이며, 그 긍정적 극복은 신명으로 표현될 수도 있다는 관점[11]이다. 그래서 이런 표현적 특성, 즉 한이나 신명 같은 요소들이 서로 얽혀 용융되면서 공동의 긍정적 지향점으로 나타나는 것을 감성이라고 말할 수도 있는 것이다. 결

11 물론 여기에서 언급한 '恨 = 부정적 극복 / 신명 = 긍정적 극복'이라는 식의 관계로 구분하는 것조차 결국에는 지양되거나 재성찰해 보아야 할 문제라고 생각한다.

국 감성이라고 하는 것에는 분명 실체가 존재하지 않으며, 따라서 그에 대한 분류가 있을 수도 있어서도 안 된다는 점에는 동의해야 한다고 생각한다.

그렇다면 바로 이 지점에서 우리는 감성의 역동성을 생각해 볼 수 있다. 공동의 긍정적 지향은 인간과 사회 사이의 관계를 선순환 구조로 변하게 할 수 있다. 다시 말해 긍정적 감성은 사회를 인간 중심으로 역동하게 하고, 발전하게 하는 주요한 매개가 될 수 있다는 것이다. 'e-motion'의 경우를 보자. 이 용어는 정서 혹은 감성으로 번역되고 있는 'emotion'에서 필자가 임의로 조작해 본 것이다.

이 조작된 용어는 본질적으로 내재적 특성을 가진 정서 혹은 감성이 현대의 물리적 환경의 영향으로 말미암아 어떤 식으로든 점차 변모해갈 수 있다는 사회적 특성을 반영한 것이다. 지금 우리에게 노출된 외부 자극의 대부분은 인터넷이라고 할 수 있다. 그곳에서 우리는 자극을 받고, 또한 즉각적으로 반응한다. 댓글 문화가 그렇고, UCC 문화가 그렇다. 이런 것들은 곧 바로 '쓰기'이자 '몸짓'이며 동시다발적으로 일어나는 특성을 가지고 있다.

따라서 이러한 현상들은 감성의 발현 조건이 그만큼 쉬워졌다는 사실의 반증이 될 수 있으며, 또한 그만큼 역동하기 쉬운 환경이라는 것을 의미한다. 그런 까닭에 감성의 인문학적 접근의 목적은 이러한 사회적 환경 속에서 감성의 역동성이 인간다움을 위한 방향으로 펼쳐질 수 있도록 길잡이 역할을 수행하는 데 있어야 하는 것이다.

감성 혹은 감성적인 것들

감성은 — 적어도 디자인에서는 — 심미적 경험의 축적이 이루어진 상태에서 발현될 수 있는 어떤 능력이다. 심미적 경험의 축적은 개인의 '감수성' 즉, 대상에 대해 느끼는 능력의 여부 혹은 고저高低에 달려 있고, 이에 따라 개인들의 심미 경험의 축적이 그 양과 질에 있어 차이를 보이게 되는 것이다. 감성 혹은 감성적인 것들에 대한 개인의 편차는 여기에서 비롯한다. 따라서 미시적 관점에서 감성은 주체의 마음 상태라는 점, 그러나 그것이 언제든지 발현 가능한 일종의 에너지라는 차원으로, 그리고 감수성은 마음 상태라기보다는 개인의 심적 능력이라는 차원으로 그 차이를 설명할 수 있을 것으로 기대한다.

다시 말해, 감수성이란 '외부 세계의 자극을 받아들이고 느끼는 능력'이라고 정의한다면, 이에 대하여 감성은 주체의 감수성을 자극하여 다양한 감정 상황을 체험하게 하고 그것들과의 융합을 통해 보다 큰 영역에서의 정서 혹은 그 너머의 어떤 경지를 형성하게 하는 기제의 일종이라고도 정의할 수 있을 것이다. 이런 경우가 바로 앞서 말한 거대역 안에서 행해지는 감수성의 역할을 통해 감성 혹은 감성적인 것들에 대한 개념을 생각해보게 하는 중요한 전제 중의 하나가 될 수 있을 것이다.

즉, 이 지점에서 감성은 감수성에 의해 다양한 층위의 심미 경험을 축적하고, 그 축적이 내면의 완성으로 나아가는 방식으로 작용한다. 그리하여 내면의 완성이 긍정적인 방향으로 흐르면 일반적으로 '정서 안정'이라고 말하며, 이러한 안정된 정서를 바탕으로 '발현'되는 것을 역동적 감성, 혹은 감성의 역동성이라고 불러도 좋지 않을까 한다. 물론 이런 감성적인 것들은 감정에서 정서로의 전환 과정에서도 분명 관여하는 기제가 될 수 있다.

감성적인 것들이라고 함은 이러한 감성의 작용에 의해 발현되는 어떤 심리적 행위, 나아가 실질적 행위를 포괄하는 용어로 사용한다. 즉, 분노나 기쁨, 슬픔 등 우리가 다분히 감정적인 것들이라고 여기는 것에부터 나아가 그것으로 인해 발현되는 또 다른 어떤 지점 혹은 심태心態들을 말한다. 예를 들어 분노와 슬픔이 뒤엉켜 한으로 발현된다든지, 두려움이 극대화되어 체념적 상태에 도달하거나 우울증에 이르게 된다든지 하는 등을 포괄하여 감성적인 것들이라고 말하는 것이다.

감성 발현의 개인차 혹은 집단차

인간이 가진 공통적인 속성으로서의 감정과 정서는 그 개인차가 분명 존재한다는 점에서도 공통점이 있다. 이러한 차이는 다양한 감정 상황에 대한 주체의 경험의 축적 혹은 기억의 축적량에 따른 차이로 설명될 수 있을 것이다. 또는 그러한 것들을 받아들이는 방식의 차이로도 설명될 수 있다. 이러한 방식이 특정 집단이나 민족에 의해 공통적인 어떤 자질로 수용된다면 그것이 바로 집단 정서 혹은 민족 정서가 되는 것이며, 이들 집단 혹은 민족 사이의 정서 차이를 설명할 수 있게 하는 직접적인 매개가 된다.[12]

12 간혹 이러한 부분들이 위로부터의 포퓰리즘, 혹은 근대적 포퓰리즘

더불어 '양量의 차이'에 주목한다면, 정서는 감정 다발들이라는 가설이 성립할 수 있다. 따라서 그 다발들을 풀어내게 하거나 또는 풀어낸 어떤 것의 존재를 인정할 수도 있는데, 그것이 곧 감성이라고 할 수 있겠다. 다시 말해 정서를 발현하게 하거나, 또 다른 차원으로 움직이게 하는 어떤 기제가 바로 감성이라는 것이다.

여기에서 이렇게 개인의 정서를 풀어내는 혹은 풀어내게 하는 방식의 동일화는 집단 정서를 형성하게 하는 한 기제가 될 수 있다. 파시즘이나 포퓰리즘 등이 그 대표적 사례가 될 수 있을 것이다. 따라서 감성은 그 자체로도 어떤 '기제(메커니즘)'가 될 수 있는 것이며, 이러한 감성은 시대사회적, 정치적, 문화적 배경의 차이에 얼마든지 달리 나타나게 되는 것이다. 다음은 이러한 관계를 도표화시켜 보았다.

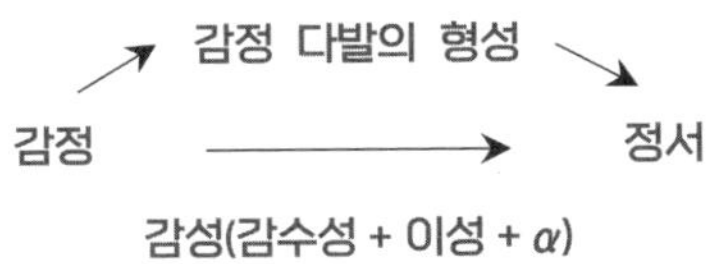

[그림 1] 감정 다발과 감성의 관여 방식

이라는 틀에서 어떤 형식으로 포장되어 이용되기도 한다. 이 지점에서 사회적 현상, 혹은 사회적 가치를 획득하기 위하여 감성의 발현과 포퓰리즘과의 관계를 조망하는 연구도 기대할 수 있을 것이다.

앞의 [그림 1]은 여러 가지 감정들이 상호 관련을 맺으면서 감성적 기제에 의해 정서로 치환되는 작용의 과정들을 보여준다. 이때 그 감성적 기제는 여러 가지가 있을 수 있겠지만, 여기서는 그 대표적인 것을 뭉뚱그려 감수성과 이성이라고 보았다. 즉, 대상에 대해 받아들일 수 있는 주체의 어떤 마음 능력과, 그것을 경험하고 학습하여 사고의 형태로 축적해 놓은 지적知的 영역들의 총합으로 본 것이다. 예를 들어 감성정치나 감성시학 등이 어떤 느낌의 정치, 느낌의 시학 혹은 정서의 정치나 시학을 말하지만은 않는다는 의미이다.

우리가 자주 쓰는 말 중에 '성격性格' 혹은 '인성人性'이라는 용어가 있다. 성격이 어떤 이의 특정 감정만을 지칭하는 용어는 아닐 것이다. 성격이란 그 주체의 마음 특성을 특징짓는 것으로, 그것은 감정보다는 오히려 정서에 가깝다고 볼 수 있다. 그런데 이 성격은 하나의 감정만으로 형성되는 것은 불가능하다. 주체 내의 여러 감정들이 상호 관련을 맺으면서 특정한 어떤 마음 상태, 그리고 그것으로 규제되어지는 행위를 포괄하는 용어로서의 '성격'이 형성된다는 말이다.

즉, 성격은 주체의 감정다발 또는 감정묶음의 어떤 특성을 말하는 것이며, 그것이 감정보다는 정서에 가깝다는 점 또한 인정하지 않을 수 없다. 이때 감정다발이나 묶음의 상호작용 과정에 개입하는 어떤 기제와 그 기제의 작용 행위 혹은 과정을 통틀어 우리는 감성이라고 부르는 것이다. 위 도식에서 '감정에서 정서의 치환'이 가능한 이유도 바로 이러한 감성의 작용을 충분히 포착할 수 있다는 데에서 비롯한다.

결국, 감정과 정서, 그리고 감성의 관계는 이런 관계여야 감성의 역동성, 또는 삶의 에너지로서의 감성이 설명될 수 있지 않을까? 즉 감성은 감정이든 정서든 그 어떤 것이든 막론하고 인간의 마음에 어떤 반향을 일으키게 하는 힘이다. 다시 말해 사람들에게 마음속의 어떤 것을 불러일으키게 하는 모든 행위 또는 표현 등등을 아울러 감성이라고 말할 수 있는 것이다.

예를 들어 백화점 전시관에 입장했을 때 고객의 반응을 불러일으킬 수 있어야 그것이 바로 감성적인 마케팅 즉 감성마케팅이 되는 것이다. 이처럼 한국적 감성에서 비롯하는 감성정치, 감성마케팅, 감성공학 등도 결국은 한국적 정서에 호소하는 것이 일차적 방식이다. 이런 면에서 감성은 결국 어떤 정서를 완성하게 하는 가장 기본적인 그리고 가장 역동적인 에너지가 될 수 있다는 것이다.

감수성의 고저高低 또한 감성의 발현 정도를 규제하는 중요한 요소이다. 감수성의 고저는 앞서 말한 감수성의 질質과 같은 의미라고 할 수 있다. 감정과 달리 감수성의 고저는 이성적 작용의 한 결과라고도 볼 수 있다. 경험의 축적이 학습으로 완성되는 과정의 진폭이 바로 이성적인 작용 과정이라고 생각하기 때문이다. 다음은 감성과 감성적인 것들, 감정과 정서 사이의 관계를 그림으로 표현해 본 것이다.

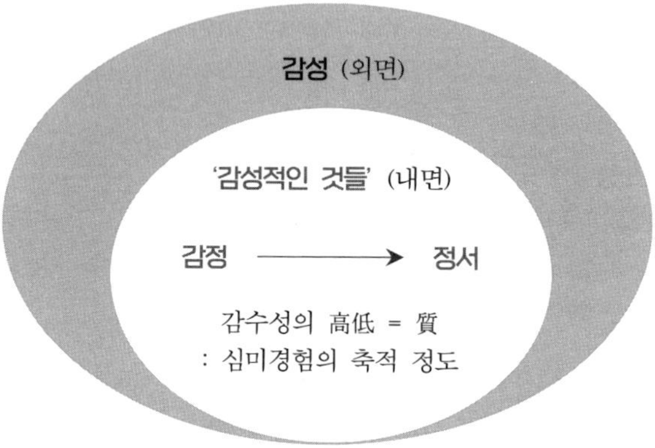

[그림 2] 감성의 발현 방식

위 [그림 2]에서 감성이 외면에 있다고 표현한 것은 감성이 그 자체로 발현하는 경향도 감지되기 때문이다. 이런 경우 대부분 집단에 의지하는 경우가 많다. 촛불집회라든지 광화문 길거리 응원의 경우가 이에 해당하는 사례다. 흔히 말하는 '분위기에 휩싸인' 경우가 종종 있다는 의미이다. 물론 외면적 감성은 내면의 감성적인 것들에 기초한다. 주체의 어떤 내적 감응에 의하지 않고서는 외면에서 그 어떤 것을 기대하기는 힘들기 때문이다.

감성이 감성적인 것들을 포함하고 있는 이 그림은 그들 간의 상보적, 호혜적 관계를 의미한다. 다시 말해서 감성은 감정 그 자체에 의해 어떤 뚜렷한 형태 없이 즉발적卽發的으로 발현될 수도 있으며, 정서의 형성 과정에 개입하여 현현적顯現的으로 발현할 수도 있다. 또한 감성이 매개체로 작용하여 '감정의 정서로의 치환' 또한 가능하게 할 수도 있는 것이다. 이때 감수성의 고저나 심미 경험의 축적 정도는 매개체로서의 감성의 능력을 좌우하는 것은 물론이다.

앞서 말한 거대역 설정 조건에 따른 감성의 역할 역시 이 그림으로 설명될 수 있다. '감성적인 것들'은 거대역 설정 조건이 '마음 상태에 머무는 경우'에 해당한다고 볼 수 있으며, '감성'은 그 조건이 '행위로까지 확대된 경우'에 해당한다고 볼 수 있다. 따라서 전자는 주체의 '내면'에서 작용하는 소극적 감성 발현의 양태요, 후자는 그 내면을 포함한 '외면'에서까지 세밀하면서도 포괄적으로 작용하는 적극적 감성 발현의 양태라고 할 수 있겠다.

더불어 감성의 발현은 '감성 표출'과는 분명 다른 의미라는 점을 인지해야 한다. 감성을 응용하려는 영역, 특히 문학, 예술 등의 문화적 영역에서는 더욱 그렇다. 감성의 발현은 주체의 마음에서 어떤 감정들 혹은 감성적인 것들의 습합이나 배제를 만들어내기 위해 작동하는 마음 행위를 말한다. 따라서 그것은 현상적으로 보이게 하거나, 구체적으로 표현되어야 하는 '표출'과는 다른 개념이 되는 것이다.

예를 들어 문학 작품 등을 통해 '표출'되는 것은 감성이 아니라 감성적인 것들, 즉 정서나 이성 혹은 몇 개의 감정들이라고 할 수 있다. 나아가 이것들이 수용자에게 끼치는 영향이, 물론 이는 전적으로 수용자들의 감수성의 질質에 따라 차이가 있을 수 있지만, 어떠한 양태로 드러나느냐가 우리가 현재 말하는 '감성 표출' 현상이라고 할 수 있는 것이다. 즉, 그 어떤 양태가 표출되는 것이지, 감성 자체가 표출될 수 있는 것은 아니라는 의미이다.

감성의 발현과 파장 혹은 스펙트럼

> 감성의 움직임은, 기본적으로는 쾌-불쾌 원칙과 관련하고 있다고 해도 좋을 것이다. 지성의 움직임이 기본적으로 합리성과 관련되는 것과 대비되는 개념이다. 예를 들어, 우리들의 일상생활에서 경제적이나 건강에 그 일이 도움이 되지 않거나, 경우에 따라서는 부적인 효과를 가져 오더라도, 너무 좋아서 그만 둘 수 없어 취미로 계속하는 것을 많이 볼 수 있다.[13]

위의 글은 감성이라기보다는 정서의 측면에서 언급되는 원칙과 설명이다. 단지 번역자에 의해 정서라는 단어가 감성으로

13 行場次朗·箱田裕司 編著, 조경덕·남기춘 공역, 같은 책, 24쪽.

대치되었을 뿐이다. 어쨌든 '쾌-불쾌'는 감정과 감정의 어떤 지점들이다. 그러나 이 두 감정이 여기에서는 마치 분리되어 있는 듯 보이면서도 상호연관성을 가지고 있음을 볼 수 있다. 따라서 그 상호연관성을 왜 설명해야 하는가, 그리고 어떻게 설명할 수 있는가가 바로 감성의 발현과 맞닿아 있는 문제라고 할 수 있다.

정서의 형성이 감정과 감정들 사이의 얽힘, 그리고 개별적 혹은 개성적 관계 맺기에서 비롯된다는 사실은 앞서 살펴보았다. 이때 '관계 맺기'는 물론 경험적 작용의 축적이거나 심미 경험의 축적 등으로 완성되는 이성적 작용의 한 결과임도 이미 말한 바 있다. 그렇다면 그것들 사이의 관계 맺기는 어떤 식으로 설명할 수 있을 것인가? 이 역시 감성의 발현과 관련한 문제가 된다.

감정과 감정들 사이의 얽힘 현상에서 그 중간에는 공통 지점이 생기게 마련이다. 관계를 맺는데 있어 서로 공유하는 지점이 없다면 관계 맺기 자체가 성립하지 않기 때문이다. 이러한 맥락에서 감성의 발현 또한 그 공통 지점에서 일어날 수밖에 없는데, 그 모습이 마치 어떤 스펙트럼이 형성되는 것처럼 보인다.

[그림 3]에서 A와 B는 각각 임의의 감정들이다. 이러한 감정들은 상황에 따라 별개로 존재할 수도 있지만, 또한 그 상황에

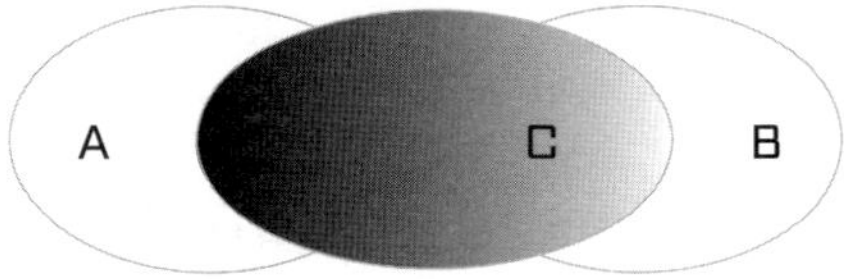

[그림 3] 감성 작용의 스펙트럼

따라 어떤 관계를 맺을 수도 있다. 즉, '그 상황에 따라' 관계 맺을 가능성을 내포하는 것은 주체의 자각이요, 그에 따라 어떤 관계를 맺게 하는 것이 바로 감성이다. 이때 감성은 처음부터 한 모습이라기보다는 자각한 상황에 의존하여 어느 방향으로든 스펙트럼화 되는 경향을 보인다고 여겨진다.

예를 들어 A와 B의 감정은 서로 비슷할 수도, 정반대일 수도 있는 감정들이다. 칠정七情을 예로 들어보자. 우선 슬픔[애哀, A]과 화남[노怒, B]이 접점에 있다면 이 둘의 감정은 주체의 직간접적인 자각 아래 상호간의 교감을 끊임없이 추구한다. 이러한 교감의 추구는 개인의 체험과 이성에 의해 학습된 무의식적인 어떤 행위일 가능성도 있을 것이다. 그리고 그것은 상황과 조건에 따라 어느 한 쪽에 무게 중심을 옮겨가게 된다. 그것이 스펙트럼 효과이다.

만약 슬픔 쪽으로 무게중심이 좀 더 옮겨간다면 그것은 '침잠'의 상태에 고정화되는 것이며, 이는 우울의 정서로 치환될 가능성이 높아짐을 의미한다. 반면 그 무게중심이 '화남' 쪽으로 옮겨간다면 그것은 '분노憤怒 혹은 공분公憤'의 상태로 고정화될 가능성이 높으며, 이 역시 우울한 정서로 치환될 가능성이 있다. 어느 쪽이든 비슷한 류의 감정들이라면 그 감정들이 갖고 있는 본연적 귀결, 즉 부정적이냐 긍정적이냐의 어떤 마음 상태로 양분될 수도 있는 것이다. 이러한 마음 상태는 지속성을 유지한다는 전제 아래 '불쾌-쾌'의 정서축을 만들 수도 있다. 또한 이 부정과 긍정의 정도는 개인의 체험 혹은 학습 여부에 따라 강해질 수도 조금 약해질 수도 있을 것이다.

그렇다면 정반대의 감정, 즉 부정과 긍정의 감정이 만날 경우에는 어떤 현상을 볼 수 있을까? 그러나 극단의 감정들이 상호 충돌할 경우는, 만약 정상적인 상황과 경우에서라면 매우 드물지 않을까 한다. 왜냐하면 이런 경우 어느 한쪽의 감정이 다른 감정을 완전히 장악해 버릴 가능성이 매우 크기 때문이다. 이런 경우 스펙트럼 자체가 성립되지 않을 것이며, 성립된다고 하더라도 어느 한 쪽 감정 안에서의 열은 정도에 불과할 것으로 보인다.

이러한 스펙트럼 또한 개인의 감수성과 이성의 혼합 작용으로 형성되어 개인마다 분명한 차이가 있을 수 있다. 즉, 정서는 근본적으로는 분명 개인적인 속성으로서, 그 개인차가 엄연히 존재한다는 의미이다. 반면 감정은 공통된 느낌의 공유된 경지를 말하는 것이므로 개인차가 있다는 말도 일리가 있겠지만, 그보다는 대상에 대한 지각 정도의 차이가 있다고 보아야 더 정확한 표현이 되지 않을까 한다.

결국 스펙트럼의 진행 방향이 짙어지는 쪽에 부정적 감정이 지배한다면 이는 주체의 정서 불안 현상을 야기할 수 있을 것이며, 이는 감성의 발현이 폭발적으로 일어날 가능성이 있음을 의미한다고 볼 수 있다. 긍정의 경우에도 마찬가지일 것이다. 즉, 감성의 발현 양상은 극단으로 치우칠 경우도 있겠으나 그럴 경우는 대개 한 순간이며, 이 순간 어느 한 감정을 배제하거나 극복해버림으로써 주체의 마음 상태 및 집단의 사회와 역사의 균형을 추구할 수 있게 된다고 할 수 있다. 따라서 감성은 이러한 스펙트럼을 만드는 기제, 에너지 아니면 어떤 역동적인 힘일 수 있으며, 이러한 사실은 앞서 제시한 스펙트럼 효과로 충분히 설명될 수 있다고 하겠다.

이러한 내용들을 그림으로 표현해 보면 다음과 같다.

[그림 4]는 Russell이 제시한 정서 원형 모델이다. 이에 의하면 정서적 경험들은 크게 '쾌-불행'의 축과 '각성-졸림(수면)'의 축에 의존한다. [그림 5]는 Russell의 정서 원형 모델을 원용하여, 필자가 감성 발현의 모델을 제시해 본 것이다.

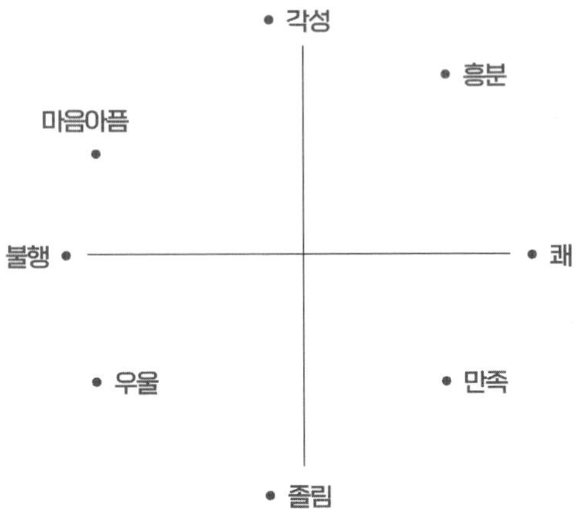

[그림 4] Russell의 정서 원형 모델

출처 : James W. Kalat 외 지음, 『정서심리학』, 시그마프레스, 2007.

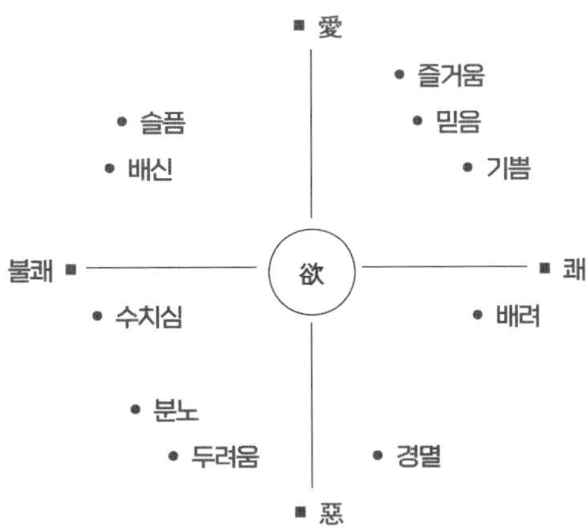

[그림 5] 감성 발현 모델

단순히 정서들만을 나열하는 것이 아닌, 그것들 사이의 묶임과 해체의 과정을 제시하고자 하였다.

즉, 정서 반응 혹은 정서적 경험의 두 축으로 '■'로 표시되는 '쾌-불쾌'와 '사랑함[愛]-미워함[惡]'을 배치하였다. 이 네 지점을 중심으로 서로 가까운 지점에 있는 '●'의 정서들은 매우 유사한 특징을 가지며, 거리가 멀거나 반대쪽 지점에 위치할수록 반대 정서로 인식되거나 아예 다른 정서들로 인식될 수 있다는 것을 보여주는 것이다. 또한 이 두 축의 중심 정서가 발현하는 원인을 '욕(欲)-하고자 함'으로 설정하여, 그것의 성취 여부에 따라 부차적인 정서들이 생겨나고 이동한다는 것을 보여주고자 하였다.

한편, '■'로 표시되는 네 축은 서로 가까운 지점에 위치한 정서들끼리 비교적 쉽게 습합을 이루어 '독특한 파장(스펙트럼)'을 발생시키며, 거리가 멀수록 이러한 파장이 발생되기 어렵다는 사실을 보여준다고도 하겠다. 따라서 우리가 [그림 5]의 모델을 기준으로 그 안에서 발현할 수 있는 수많은 개별 정서들을 그려내고, 이들이 생성하는 파장을 구별해낼 수 있다면 감성에 관한 하나의 체계도를 완성할 수도 있을 것으로 생각한다.

감성 발현의 파장을 규명한다는 것은 그것이 인간의 행위를 구별하거나 혹은 어떤 독특한 행위의 원인과 결과를 유추하는 데 일조할 수 있다는 점에서 의의가 있다고 본다. 감성 발현시

나타나는 파장 혹은 스펙트럼은 어떤 감정 상황에 대한 경험치의 강조 혹은 종류에 의해 결정된다고 보기 때문이다. 역으로 보면 어떤 자극에 대해 첫경험(유아기)이 감성 형성에 영향을 크게 미치는 까닭은 '그 자극'에 대해 이미 경험된 축적치, 즉 학습치가 없기 때문이다. 또한 이러한 이유로 감성 발현의 파장은 개인성을 가질 수밖에 없다. 그 개인성은 마치 인간의 지문처럼 유일성을 획득하게 되는 것이다.

그렇다면 이러한 파장은 어떤 식으로 우리의 삶에 적용될 수 있을 것인가? 문학이라는 분야로 그 거리를 좁혀본다면, 파장이 문학 행위에 미치는 영향은 무엇이며, 그것은 기왕의 문학적 분석 성과와 어떤 차이가 있을 것인가? 그 차이는 어떤 의미를 지닐 수 있겠는가? 이런 물음들 앞에서 즐겁게 답을 내어놓을 수 있을 때라야 비로소 감성과 문학이라는 인문 연구의 한 틀을 완성할 수 있을 것이다.

또한 특정 정서의 파장, 예를 들어 '분노'라는 정서의 표출 파장이나 그 다스리는 방식을 여러 분야에서 설명함으로써 지역과 지역, 나라와 나라 사이의 감정 차이를 설명할 수도 있게 될 것이다. 오히려 이러한 방식이 삶의 소통 코드로서의 감성의 역할과 의미를 더욱 구체적이고 선명하게 드러내지 않을까 한다.

정서방어기제와 감성의 발현

감성 발현의 또 다른 방식으로 '투사投射'와 '승화昇華'를 생각해 볼 수도 있다. 이 요소들은 대표적인 정서 방어 기제이기도 하다. 이 기제에 대한 분류는 20세기 초 프로이트Freud와 그의 딸 안나Anna에 의해 정교화 되었다. 사람들은 본래부터 원초아Id라고 불리는 원초적인 추동과 욕망을 가지고 있는데, 이는 문명화된 사회에서 표출되지 못하는 것들이라고 한다. 또한 이러한 원초아의 표출을 제한하는 요구, 규칙 그리고 사회적 기대는 사회적으로 습득된 양심, 즉 초자아Superego에 저장되어 있다고 한다. 따라서 이러한 원초아와 초자아 사이의 긴장을 해소하고 불온한 소망이나 욕망들을 의식으로부터 숨기는 데 도움이 되는 심리 조절 방략들을 자아 방어 기제라고

부른다.[14]

사람들은 나서 죽는 순간까지 성격의 발달 혹은 진전 과정을 거친다고 한다. 이 과정에서 사람들은 여러 사회적, 환경적 요인들부터 기인하는 스트레스에 노출되는 것은 필연적이다. 이때 선천적으로 이것들로부터 자신을 방어하려는 심적 움직임이 일어날 수밖에 없다. 그러나 이러한 선천적 움직임만으로 그로부터 벗어날 수 있는 것은 아니다. 그러한 상황에 대한 지속적인 경험과 학습의 축적을 통하여 만들어내야 하는 심적 기제들이 존재할 수 있는데, 그것이 바로 자아 방어 기제라고 하는 것들이다.

여기에서 말하는 방어 기제들로는 부인否認, 억압抑壓, 환상幻想, 반동형성反動形成, 투사投射, 주지화主知化, 전위轉位, 억제抑制, 승화昇華가 있다.[15] 먼저 부인否認은 불유쾌한 사건이나 위협적인 사건이 일어난 것을 부인하는 것을 말한다. 친한 친구가 생명을 위협하는 병에 걸린 것을 인정하지 못하는 것 등이 이의 좋은 예가 된다.

억압抑壓은 불유쾌하거나 용납할 수 없는 사건에 대한 기억

---

14 James W. Kalat, Michelle N. Shiota 지음, 민경환 외 옮김, 같은 책, 388쪽.

15 이런 기제들에 대한 개념 설명에 대해서는, James W. Kalat, Michelle N. Shiota 지음, 민경환 외 옮김의 같은 책, 389쪽을 참고하였음.

을 '잊거나', '차단하는 것'이며, 따라서 의식적이고 의도적이 아닌 자동적인 과정으로 생성된다. 자동차 사고에 대한 기억을 차단해 버리는 것이 이에 해당한다. 또한 환상幻想은 욕망을 실현시키기 위한 방법으로 공상이나 백일몽을 재처리하는 행위를 말한다. 유명한 배우와 바람피우는 상상이 그것이다.

반동형성反動形成은 내재된 '진짜' 태도나 행동과는 정반대의 태도나 행동을 표출하는 행위이다. 정말로 싫어하는 사람에게 오히려 지나치게 우호적으로 대하는 행위가 이에 해당한다. 그리고 주지화主知化는 지금 겪고 있는 문제의 개인적, 정서적 측면보다는 추상적, 논리적 측면에만 초점을 맞추려는 경향을 일컫는다. 자신을 실망시킨 친구로 인해 상처받기보다는 왜 실망시켰는지 그 동기를 논리적으로 분석하려는 태도가 대표적 사례이다.

전위轉位는 본능적 충동이나 불안한 감정을 유발한 사람이나 사건이 아닌 다른 대상에게 감정의 방향을 바꾸어 표현하는 행위를 말한다. '종로에서 뺨 맞고 한강에서 화풀이한다.'는 속담이 이를 대변한다. 그리고 억제抑制는 자신을 불안하게 만드는 주제를 생각하지 않으려고 의식적 혹은 의도적으로 노력하는 행위이다. 영화를 보면서도 원고의 최종 마감 기간을 넘기지 않아야 한다는 생각을 애써 억누르는 행위가 그 사례가 될 수 있다.

이러한 기제들 중에서 특히 주목되는 것이 바로 '투사投射'와 '승화昇華'이다. 이들에서 어쩌면 가장 현재적인 측면에서의 감성 발현의 기제가 될 가능성이 탐지되는데, 이는 이 두 기제가 여타의 기제들에 비해 부정성과 긍정성의 측면에서 대비되는 동시에 좀 더 적극적인 성격을 가지고 있다고 판단되기 때문이다.

먼저 투사Projection란 자신의 용납할 수 없는 욕구나 동기, 느낌을 다른 사람에게 전가시키는 행위를 말한다. 연애 관계에서 실제로는 자신이 불안해하면서도 상대방이 오히려 지루해한다고 비난하는 것 등이 좋은 사례가 될 수 있다. 또한 자신의 잘못이나 책임을 '네 탓, 남 탓'으로 돌리는 등의 행위도 여기에 해당한다.

이런 기제는 감성의 발현적 측면에서 볼 때 분명 부정적이다. 대개 부정적 감성 기제는 숨기거나 숨겨지는 것 혹은 비유적으로 표출되는 것이 일반적인데, 투사는 오히려 이를 적극적으로 드러낸다는 점에서 주목된다. 망상이나 환각 등과 관련한 감성 발현의 부정적 면모 역시 간과해서는 안 된다는 의미에서 투사에 대한 관심이 필요하다고 할 수 있다.

승화Sublimation란 허용될 수 없는 충동을 사회적으로 허용되는 사고와 행위로 전환시키는 것을 말한다. 예를 들어 부모님에 대한 분노를 부모님께 직접 표출하지 않고 노래나 시로 대신 표현하는 등의 예술 행위 따위가 그것이다. 종교 활동 역시 이와 관련한 대표적 사례가 될 수 있다.

승화는 감성 발현 기제 중에서 비교적 긍정적이라고 할 수 있다. 승화는 부정적인 것들에 대해 부정하려고도 하지 않는다. 오히려 그것들을 인정하고, 그 극복의 과정에 적극적으로 개입하려 한다. 따라서 자아를 부정하거나 억압하지도 않으며, 그 갈등 과정에서의 충돌 역시 염려할 필요가 없다. 그렇기 때문에 개인적으로나 사회적으로 비교적 효용성이 높은 기제라고 할 수 있겠다.

이런 점에서 보자면 '승화'는 가장 한국적인 감성 발현 기제라고 볼 수 있지 않을까 한다. '한'과 '신명'은 수동적이냐 능동적이냐의 차이만 있을 뿐, 둘 다 승화를 통해 이루어진 가장 한국적 방식으로서의 감성 발현 양태라고 할 수 있다. 미움과 슬픔 등의 감정이 응축되어 화나 분노로 표출되지 않고 한의 형태로 표출되는 방식, 또한 갈등이나 원한을 직접적으로 표출하지 않고 신명의 형태로 씻어내는 방식 등이 바로 가장 한국적 감성 발현 방식이 아니었을까?

감성과 감성지수

감성지수EQ는 실은 정서지능개념과 연관하여 파생된 정서지수의 다른 이름에 불과하다. 이 용어는 1990년 미국 뉴햄프셔 대학의 심리학 교수인 존 메이어John Mayer와 예일 대학의 교수인 피터 샐로비Peter Salovey에 의해 처음으로 사용되었다.[16]

이들에 의하면, 정서지능Emotional Intelligence, EQ은 일반지능Intelligence에 대비되는 말로서, 감정과 느낌을 통제하고 조정할 줄 아는 능력을 가리킨다고 한다. 화가 날 때, 이것을 터뜨리고 발산하여 남에게 피해를 주고, 자신에게도 해가 되는 일

16 정서지수에 관한 본문 내용의 설명은 行場次朗·箱田裕司 編著, 조경덕·남기춘 공역, 같은 책, 253쪽을 참조함.

을 저지르게 되는 사람의 정서지능은 그렇지 않은 사람에 비해서 현저하게 낮다는 것이 이 개념의 주요 골자이다.

또한 정서지능은 사고능력이나 기억력, 계산력, 추리력이 아니라 그런 능력이 발휘하게끔 하는 또는 그런 능력을 억압하고 제한하는 그런 감정능력이라고 한다. 기억력이 출중하여도 기억하겠다는 의지와 감정이 없이는 기억행위가 나타나지 않는다. 머리가 좋은 것과 좋은 머리를 실제로 사용하려는 의지와 감정은 서로 다른 능력이라는 것이다.

즉, 정서지능이란 자신과 타인의 정서를 평가하고 표현할 줄 아는 능력, 자신과 타인의 정서를 효과적으로 조절할 줄 아는 능력, 그리고 자신의 삶을 계획하고 성취하기 위해서 그런 정서를 이용하여 활용할 줄 아는 능력이라고 말할 수 있다.

대니얼 골먼Daniel Goleman에 의해, 널리 일반에게 알려지게 된 '감성지수'는 '정서지수' 보다 개념의 영역이 조금 확장된 듯한 느낌이다. 여기에서 그는 자신의 정서를 알고 충동의 자제가 가능한 능력, 자신의 기분을 자각 존중하여 마음으로부터 납득이 되는 결단이 가능한 능력, 좌절했을 때에도 낙관을 버리지 않고 하고자 하는 기분을 유지하는 능력, 타인에 대한 공감을 느끼는 능력, 집단 속에서 조화를 가져 협력하는 대인관계능력, 사회적 능력 등을 말한다고 하였다.

이러한 정서지수 나아가 감성지수에 대해 앞서 말해진 개념의 조건들은 모두 믿음과 배려에서 생겨나는 것이라고 볼 수 있다. 주체인 '나'에 대한 믿음에서부터 타자에 대한 믿음으로의 발전 과정, 그리고 그들과의 공감을 형성하는 과정에서 필요한 매개가 배려라는 점에서 더욱 그렇다. 따라서 이러한 믿음과 배려가 감성 능력 향상의 핵심이라는 점은 부인할 수 없다.

그러나 문제는 감성지수에 대한 활용이며, 이를 위한 학습 방식의 탐색에 있다. 이 문제는 감성의 질質을 확보함으로써 일정 정도 해결할 수 있으리라 여겨진다. 이를 위해 주체가 새로운 대상을 접했을 때 그것과 소통할 수 있는 마음 상태를 일단 확보해야 함은 필수 사항이 된다. 즉, 감성 능력 향상을 위한 학습은 대상에 대한 주체의 열린 마음을 기저로 하여 시작될 수밖에 없다는 의미이다.

이러한 학습은 주체로 하여금 다양한 감정 상황을 겪게 하여 그 감정 경험들을 축적하게 하고, 이들 사이의 소통을 원활하게 만들어줄 감수성의 질質 또한 최대한 확보하는 방식으로 충분히 이루어질 수 있다고 본다. 이런 과정들 자체가 감성의 역할이기에 그러한 행동만으로도 감성지수는 충분히 성장할 수 있다는 말이기도 하다.

그렇다면 이런 학습 활동의 주요 골자는 대상에 대한 지적 체험이 아닌 다양한 감정 체험으로 이루어져야 할 것이다. 물론 지적 체험과 감정 체험이 별개일 수는 없다. 어떤 체험이 주가 되느냐의 문제일 뿐이다. 따라서 이런 경우 다양한 놀이 활동의 개발과 활용은 이런 학습의 대표적 사례가 될 수 있을 것이다.

체험에 대한 표현 활동 역시 간과해서는 안 된다. 표현 활동이 지적 체험과 연관되지 않은 것은 아니지만, 이 경우의 표현은 지적, 이성적 표현이라기보다는 감정 표현에 더욱 치중한다. 따라서 이런 경우 강요된 쓰기 및 표현 행위는 반드시 금지되어야 하는 것이 관건이 된다. 가능하면 개별적인 표현에 주목해야 하며, 학습자의 감성 발현체에 대한 칭찬과 지속성을 유지하는 것 또한 매우 중요한 사항이다.

결국 감성 지수, 감성 능력 향상은 외부 조건이 아닌 내부 조건, 즉 마음 상태에 따라 삶의 질이 달려있음을 자각하게 하는 것이 가장 중요하다고 본다. 즉, 마음 다스리기의 효과와 방식을 체험하고 습득하여 주체의 삶에 적용할 수 있도록 하는 것, 그것이 우리가 감성 지수를 높이고자 하는 본래 목적이 아닐까 한다.

감성과 개인차, 그리고 치유

감성 발현에 있어서 개인차는 존재할 수밖에 없는 문제이다. 감성을 발현하게 하는 어떤 대상에 대해 개인이 느끼는 차이는 여러 환경적, 성격적 요인에 의해 극명하게 드러날 수 있기 때문이다. 따라서 이러한 차이의 원인은 큰 틀에서 보자면 원자로서의 인간이기에 발생할 수밖에 없는 문제가 되며, 세밀하게 보자면 인간 자신이 가진 경험과 정보 그리고 그것의 축적과 학습에 의해 이루어지는 의미 형성화 과정의 차이에서 비롯되는 문제가 되는 것이다.

여기에서 감성의 개인차를 이야기하고자 하는 이유는 그 차이를 인정하는 데서부터 감성 발현 상황에서 벌어지는 어떤 갈등의 극복이 시작될 수 있다고 믿기 때문이다. 우선 개인차는 전적으로 후천적 행위 결과라는 사실에 주목해야 한다. 이는 감성의 개인차가 인위적으로 만들어질 수도 있다는 의미이다. 따라서 그것은 충분히 극복될 수 있는 문제라는 의미이기도 하다.

차이의 극복은 적극적 행위에 의해 이루어진다. 수동적 인정은 극복의 양태가 될 수 없다. 그것은 결과론적으로 체념 혹은 부정의 정서를 잉태할 수밖에 없다. 오직 대상이나 현상에 대한 적극적 인지 노력, 그리고 그것의 표현 행위가 이러한 극복을 가능하게 해 준다. '통합적 문학 치료'가 가장 적실한 사례가 될 수 있다.

통합적 문학 치료란 정신분석, 분석심리 등의 분야뿐만 아니라 음악, 미술, 언어 등의 매체를 통한 치료를 모두 통합한다는 개념이다. 문학 치료는 원시시대에서부터 그 기원을 찾을 수 있으며, 종교적 제의에서도 문학 치료의 모습을 살필 수 있다는 것이 일반적 해석이다. 그것의 공통 기제로 감성이 언급되는 것은 매우 자연스러운 현상이 되었다.

문제는 감성이 문학 치료의 기제로써 어떻게 작용할 수 있는가에 대한 문제이다. 즉, 치료에 필요한 문학적 감성의 특징적 조건이 무엇인지를 밝히는 것이 급선무가 된 것이다. 이러한 문학 치료가 소외 계층의 자존심 회복과 긍정적 사고를 일으키는 중요한 치유 기법이라는 점을 염두에 두어야 할 것이다.

현대 사회에서 감성 치료라 함은 보통 일반적인 심리치료와는 달리 이성[언어]이 아닌 감성[비언어]에 호소한다고 한다. 또한 그러한 치료의 대표적 사례로 미술, 음악, 독서, 영화 치료 등의 기법을 들 수 있다. 그렇다면 독서는 비언어적인 것인가? 미술이나 음악 또한 포괄적인 글쓰기 범주로 보았을 때, 즉 마음을 표현하는 한 방식으로 보았을 때 과연 비언어적이라고 볼 수 있겠는가? 중요한 것은 '어디에 호소하느냐'가 아니라 '어떻게 호소하느냐'의 문제인 것이다.

'이성=언어, 감성=비언어'라는 도식은 그래서 정당하지 못하다. 따라서 감성 치료란 비언어적 언어를 통합한, 즉 감성적인 것들의 통합적 작용에 의해서 이루어질 수 있는 치료라고 이야기해야 할 것이다. 그렇다면 그러한 구체적 사례로 어떤 것이 해당될까? 여러 가지 상황이 말해질 수 있겠지만, 우선은 '가족'에 무게 중심을 두면 어떨까 한다.

가족은 그것 자체로 하나의 공동체이며 또한 자아화의 근원지라고 할 수 있다. 또한 가장 작은 사회 단위에서의 개인을 발견하는 곳도 역시 가족이다. 따라서 개인차의 발생이 가장 먼저 발생하는 곳도 가족의 울타리인 것이다. 그런 까닭에 그 극복의 길 역시 여기에서부터 찾아내야 한다는 것이다.

앞서 말한 통합적 문학 치료는 각종의 매개, 즉 미술, 음악, 영화 등을 통해 개인차의 문제점을 드러내는 것으로 시작한다.

흔히 말해지던 그 비언어적 언어활동을 통해 문제 해결의 실마리를 찾아내고, 그런 문제를 해결할 가장 적합한 치유 방식을 모색하고 적용하여 갈등을 극복하게 하는 것이다. 이런 과정에서 가족은 차이의 극복을 극대화하는 가장 훌륭한 매개가 된다. 차이의 극복을 '홀로' 두지 않고 '더불어' 이루어내게 하기 때문이다.

또한 가족을 넘어 사회적 관점에서 주체들의 개인차는 감성의 질質적 차이로 오해받을 수 있다. 그러나 그러한 질적 차이를 인정한다고 하더라도 그 차이를 수치화하여 측정하는 것이 과연 감성적 차원에서 올바른 일인지 되묻고 싶다. 수치가 다소 낮다고 하여 과연 주체의 감성적 능력이 떨어진다고 판단해야 하겠는가. 그것은 상대성의 문제일 따름이다. 주체의 정치적, 문화적 감성 혹은 감수성의 차이는 객체를 유쾌하게 인정하게 함으로써 얼마든지 극복될 수 있는 문제인 것이다. 결국 감성적 차원에서의 소통의 시작은 상대성의 유쾌한 인정에서부터 비롯된다고 할 수 있겠다.

감성 지점의 차이

감성 지점의 차이를 보는 매개 중의 하나로 동양과 서양의 현상 인식론을 들 수도 있다. 동양의 연기론緣起論과 서양의 인과론因果論이 그것이다. 논의의 범박함을 벗어날 수는 없겠지만, 그럴지라도 이러한 차이의 뿌리가 일단 동양의 연기론과 서양의 인과론에서 비롯되었을 가능성을 배제하지는 않는다. '자동차와 운전자'를 예로 들어보자.

① 자동차가 있으므로 운전자가 있다.

② 자동차가 있기에 운전자가 있고, 운전자가 있기에 자동차가 있다.

①에서 보는 바와 같이 서양의 인과론은 쉽게 말해 현상에 대해서 원인과 결과에 따라 설명하려는 방식이라고 할 수 있다. 다시 말해 원인이 되는 하나의 사건이 결과가 되는 다른 사건을 일으킬 경우 이 둘의 관계를 인과관계라 하는 것이다. 자동차가 있다는 사실이 원인이 되며, 그에 따라 운전자가 있다는 결과를 설명하려는 것이다.

이러한 이론은 인과율因果律이라고도 하는데, 모든 일은 원인이 있으며, 원인 없이는 그 어떠한 결과도 일어나지 않는다는 점을 설명하고자 한다. 따라서 인과관계는 객관적인 세계의 관계 그 자체로서, 그 객관성은 실천이나 실험으로 검증할 수 있다는 점에서 본다면 매우 합리적인 이론이라고도 볼 수 있겠다.

반면 ②의 경우에서처럼 동양에서는 불교에서 비롯한 연기론으로 현상을 설명하고자 한다. 연기론은 한 마디로 사물과 사물과의 동양적 관계론이라고 할 수 있다. 불교에서 말하는 연기緣起는 다음과 같다.

> 모든 존재는 각종의 조건에 의해 잠정적으로 그와 같은 모습으로 성립되어 있을 뿐이다. 따라서 조건에 따라 다양하게 변화하므로[무상無常], 독립적인 존재성을 가질 수 없고[무無] 서로 의존한다. 이러한 인연에 의해 성립되어 있는 존재를 연

생緣生·연생법·연기생緣起生·연기생법이라 한다. 말하자면 모든 현상은 무수한 원인의 인과 연이 상호 관계하여 성립된다. 즉 독립·자존적인 존재는 없으며, 조건과 원인이 없으면 결과도 없다는 설이다. 나아가 일체 현상의 생기와 소멸의 법칙을 연기라 한다.[17]

위의 글에 의하면, 자동차와 운전자는 마치 독립적 존재인 것처럼 보이나 실은 독립적 존재성을 가질 수 없다는 것이 이 이론의 관점이다. 나아가 그 존재들은 서로 의존성을 가지고 있어 어떤 인연에 의해 필히 성립될 수밖에 없는 존재성을 가진다는 것이다. 다시 말해 운전자가 없는 자동차는 존재할 수 없으며, 마찬가지로 자동차 없는 운전자 역시 존재할 수 없다는 것이 이 논리의 핵심이라고 하겠다.

이러한 연기론에 의한다면, 우리는 대상에 대한 감성 지점의 확대를 꾀할 수 있는 하나의 여지를 만날 수 있다. 주체에게 있어 부정적 인식의 대상이 되었던 특정 사물이나 대상들도 나중에 어떤 특별한 연유에 의하여 긍정적 인식의 대상으로 치환될 수 있다고 여기기 때문이다. 여기에서 말하는 부정적 인식이란 물론 사물이나 대상의 부정성을 말한다기보다는 그것에

17 홍사성 주편, 『불교상식백과』(불교시대사, 1991), 560쪽.

대한 무관심함을 의미한다. 즉, 존재하는 사물이나 대상임에도 주체가 그것을 인지하지 않는 혹은 인지하지 못하는 상황을 의미한다는 말이다.

예를 들어 자동차가 있다고 하자. 주체가 운전 능력이 없었을 때 그것은 무관심의 대상일 뿐이다. 그러나 어떤 연유로 운전 능력이 생긴 후에는 관심의 대상으로 전환될 수 있다. 여기에서 자동차와 주체는 표면상 각각 독립적 존재성을 가진 것으로 여겨질 수 있지만, 어떤 인연에 의해 필히 성립할 수밖에 없던 존재성을 함께 갖고 있다는 점도 분명하다.

감성 지점의 차이는 여기에서 비롯된다. 따라서 이러한 연기론에 바탕을 둔 주체의 적극적 인식 노력, 행위 노력, 표현 노력은 대상에 대한 감성적 질을 확보하게 하는 필수 조건이라고 할 수 있는 것이다. 존재하는 것을 인식되지 않았다고 해서 존재하지 않는 것으로 볼 수는 없다. 결국 존재하는 것은 존재하는 그 자체로서, 즉 인식의 여부에 따라 존재하는 그것의 질이 결정되는 것이라고 보는 어떤 지점, 이것이 바로 동양적 감성 지점이라고 봐야 하지 않을까 한다.

동서양의 시간관에 대한 차이에서도 감성 지점의 차이를 엿볼 수 있다. 동서양을 막론하고 대체로 종교적 관점에서 시간에 대한 태도는 크게 두 가지로 대변된다. 순환적循環的 시간관과 선형적線形的 시간관이 그것이다. 어떤 이는 순환적 시간관이 처음과 끝이 없는 과거 지향적이라는 면모에서 부정적이라 보기도 하고, 선형적 시간관은 직선형으로 미래 지향적 면모를 보이기에 긍정적이라 평가하기도 한다. 그러나 그 지적은 매우 주관적이며 억측에 불과할 뿐이다.

서양에서 이루어지는 시간관에 대한 태도는 다분히 선형적이다. 이러한 태도는 유대교에서 신이 세계를 창조하는 한 조건으로서 시작과 종말을 언급하는 과정에서 비롯되었다고 한다. 따라서 대체로 공간적인 현상의 물리적 변화를 통해 그리고 물질의 운동과 관련시켜 시간론을 발전시켜 왔던 것도 사실이다. 따라서 그들의 역사관 역시 직선적일 수밖에 없었다.

반면 동양의 경우 순환적 시간관에 대한 태도가 우세하다. 봄·여름·가을·겨울이 순환하듯 시간은 그 자체로 반복되는 것이며, 또한 순환하는 것이라고 보았던 것이다. 그런 까닭에 현상에 대한 인식 역시 수많은 연속 가운데 하나일 따름이라는 다소 주관적 가치에 머물러 버릴 가능성도 배제할 수 없게 된다.

중요한 것은 시간이라는 것이 인간이 인위적 행위에 의해 관여할 수 있는 어떤 대상은 아니라는 점이다. 감성 지점으로서의 시간관은 그래서 통합적이어야 한다. 하나의 마음 상태가 끝났다고 해서 주체가 반드시 사라져야 하는 것은 아니다. 마음 상태는 또한 시작과 끝을 끝없이 반복한다는 점에서, 그리고 시작과 시작, 끝과 끝이 만나는 지점들이 생겨날 수 있다는 점에서 감성지점으로서의 시간을 다시 성찰해야 한다는 것이다.

그렇다며 여기에서 동양의 연기론과 순환적 시간관을 통하여 감정, 정서 등으로 일컬어지는 감성적인 것들의 심적心的 선순환善循環 구조를 생각해 볼 수 있지 않을까 한다. 이런 관점에 의한다면 감성은 이성과 대립하거나 그 대척점에 위치할 어떠한 이유도 없다. 감성은 이성적인 것들을 인식하는 순간 그것마저도 감성적인 것들로 대할 수 있는 연기론적 사고에서라면 더욱 그렇다고 할 수 있다.

마음의 문제[감성]와 사유의 문제[이성]가 대립되거나 대척점에 있어야 할 성질의 것들은 아닐 것이다. 따라서 이러한 것들의 조화를 꿈꾸는 일이 결코 환상은 아니다. 유교나 도교의 전통에서 보더라도 이것들은 언제나 서로 그 조화를 추구해왔다고 볼 수 있다. 단지 그것들의 선후관계가 문제였을 따름이다. 결국 심적 선순환 구조의 고리마다 이성은 감성 발현의 층위를 변화하게 하는 주요한 매개나 수단, 또는 행동을 일으키게 하는 동인이라고 볼 수 있지 않을까 한다.

언어적 감성 혹은 감성언어

언어와 감성은 모두 '발화'와 관련이 있다. 여기에서 발화는 물론 동음이의어同音異意語이다. 언어의 발화는 말을 시작하거나 이끌어낸다는 점에서 '발화發話'이지만, 감성의 발화는 감성적인 것들을 통하여 이루어지는 어떤 마음 행위의 점화라는 점에서 '발화發火'라고 할 수 있다. 그래서 이 두 발화의 공통된 매개는 '언어'가 될 수 있다.

여기에서 말하는 언어적 감성이란 감성을 추동하게 만드는 언어적 표현, 혹은 발화 행위나 상황을 모두 포괄하는 개념으로 사용한다. 이때 이 개념은 다분히 이타적利他的이다. 주체로부터 발화되기는 하지만, 그것은 타자를 위한 행위가 된다. 따라서 이렇게 발화된 언어를 '감성언어'라 부를 수도 있겠다.

현재 우리가 감성언어라고 부르는 것들은 대개 꾸며지거나 포장되는 경우가 많다. 타자들의 감수성을 자극하기 위한 언어를 선별 포장하여 감성이라는 이름을 덧씌우는, 그야말로 말로만 감성이라는 의미이다. 현란한 수사修辭의 반복을 일삼는 몇 개의 시들과 시어들이 그것이다. 그러나 그것은 타자들에게 약간의 감동을 줄 수 있을망정, 그들의 마음까지 추동하게 하기에는 역부족이다.

언어의 발화태發話態는 본질적으로 주체의 마음에서 비롯되는 것이다. 그래서 진심인 경우가 있고, 단순히 수사에 그치는 경우도 있다. 감성언어라고 불러야 하는 것들은, 즉 언어의 감성적 발화는 진심을 담고 있는 경우에 한정된다. 기계적인 배려가 아닌 타자의 긍정적 행위를 염두에 둔 배려 상황의 발화이기 때문이다.

'괜찮으시다면~', '바쁘실텐데~', '실례지만~' 등등의 말은 모두 언어적 배려에 의해 이루어진 언어의 감성적 발현태라고 할 수 있다. '말 한 마디에 천 냥 빚을 갚는다.'는 속담도 있다. 감성언어의 효과를 가장 잘 표현해 주는 속담이라고 하겠다. 다시 말해 감성언어는 상대로부터 자신이 배려를 받고 있다는 느낌을 진심으로 전달하는 과정에서 생겨난다.

감성언어는 그 발화적 특성상 발화태의 첫머리와 끝머리에 나타나는 경우가 많다. 물론 끝머리에는 보통 감사의 인사말이 대부분이다. 반면 그것이 첫머리에 나타나는 경우에는 매우 다양한 양태를 보인다. 발화의 상황과 맥락이 천차만별이기 때문이다. 그런 까닭에 발화의 주체는 언제나 주변에 대한 관심을 열어두어야 한다. 타자에 대한 관심은 타자를 위한 자신의 진심을 보장할 수 있다고 믿어야 하기 때문이다.

감성언어는 그 자체로 주체와 타자의 '사이'에서 일종의 완충지대 역할을 담당한다. 감성적인 것들의 공유를 위한 '사이'의 역할을 충실히 수행할 수 있다는 것이다. 그 역할이 긍정적인 것이냐 부정적인 것이냐의 문제는 전적으로 주체에게 달려 있다. 결국 감성언어의 효과적 사용은 주체의 감성적 기제들이 가지고 있는 질質과 그 학습의 양量에 정비례한다고 볼 수 있을 것이다.

감성의 역동성과 신명

한국과 역동성이라는 말을 연결시키는 현상은 이제 더 이상 낯설지 않다. 한국적인 상황에 대해 역동이라는 수식어를 첨언하는 것이 전혀 부자연스럽지 않은 상황인 것이다. 부자연스럽지 않다는 것은 내·외부의 대다수 사람들이 그것을 어떤 식으로든 인정하고 있다는 말에 다름 아니다. 물론 그것이 현 정치·경제 체제에서 꾸며진 것이라는 의견들은 부정하지 않는다. 그럼에도 불구하고 여기에서 역동성을 말하는 것은 단순한 보여주기식의 '다이나믹Dynamic'이 아닌 주체 내부의 감성적 역동을 의미하기 때문이다.

그렇다면 무엇이 역동을 가능하게 하는가? 그것은 마음 행위에 대한 주체의 적극성과 긍정성일 것이다. 이는 우리 민족이 다른 민족보다 훨씬 더 적극적인 마음 행위를 영위해왔다는 뜻일 수도 있다. 그렇다면 이것 또한 한국적 감성의 발현 양태가 될 수 있는 것이 아닐까 한다. 이러한 적극적 마음 행위는 부정을 거부하고 항상 긍정을 지향한다는 점에서 더욱 가치가 있다고 여기기 때문이다. 예를 들어, 한恨이라는 것이 부정적 인식의 대상이 될 수도 있겠지만, 지금은 어느 누구도 그것이 부정적이라고 보지는 않는다. 긍정적 지향의 한 방식일 뿐이며, 또한 가장 한국적 방식일 따름이라고 여기는 것이다.

신명神明 혹은 신바람 또한 이러한 역동성과 관련이 있을 것이다. 신명은 본래 무교와 깊은 관련을 맺고 있는 개념이다. 샤머니즘에서 말하는 이 개념은 사람이 신명과 통하면 신과 같은 힘을 얻을 수 있으며, 또한 그 힘을 조화롭게 사용할 수 있다는 것이 바로 신명사상의 핵심이다. 쉽게 말하자면, 신명이나 신바람은 사람에게 신이 내렸을 때, 혹은 '신들렸다'고 말하는 그러한 상황에서 발생하는 무속적인 한 현상인 것이다.

또한 "'신이 난다', '신바람이 난다'고 할 때의 이 신은 바로 논리적이고 과학적이며 이성적인 표층 아래 잠재되어 있으면서 과학적으로나 논리적으로 따져지지 않는 샤머니즘이나 애니미즘의 감성적 심성을 의미하는 것이다. 사람들에게는 이 신바람이 잠재되어 있으나 민족이나 문화권에 따라서 그 신바람이 표층 가까이에 있거나 깊이 있을 수도 있고, 또 표층의 억압을 많이 받거나 덜 받고, 또 신바람이 활성이거나 비활성이거나의 차이가 있을 따름"[18]이라고도 한다.

그러나 이러한 현상이 한국인에게 있어 독특하게 받아들여지거나 경외시 되는 경우는 별로 없다. 한국인의 원초적 심성이 대부분 무巫에서 형성되었다는 사실을 인지한다면 더욱 그렇다. 이러한 심성은 현재적 의미에서 우리 놀이 문화의 형성과도 밀접한 관계를 맺고 있다. 옛 시절로부터 지금까지 이어져 오는 굿이 그러하며, 마당극이 그러했고, 오늘날 유행하는 노래방 역시 그런 맥락에서 설명될 수 있을 것이다.

우리 민족은 대개 이지적인 면보다는 감정적인 면모에 호소하는 일이 많으며, 또한 인정이 많은 것도 사실이라고 한다. 그런 이유로 집단적 역동성을 드러내는 일에는 말 그대로 '신명날 정도'였을 것이다. 분명한 것은 이런 것들이 모두 긍정 가치의 발현 과정에서 더욱 두드러졌다는 점이다. 갈등과 불안을 해소하려는 굿판이라든지, 수십 만 명이 모인 광장에서 유쾌하게 상대성을 인정하며 비판하고 토론한다든지 하는 사례가 그것을 증명한다.

또한 유난히 많은 한국인의 눈물은 이러한 역동성을 설명하는 주요한 현상이 될 수 있다. 특히 신명과 관련한 것이라면

18 이규태, 같은 책 2, 44쪽.

눈물은 일종의 카타르시스다. 이 카타르시스는 신바람을 불러 일으킨다. 이 신바람은 주체의 잠재된 어떤 힘을 일깨우는 또 하나의 감성 발현 기제이다. 따라서 신바람은 민족적 저력과도 뗄 수 없는 관계가 되는 것이다. 신바람을 통해 발현된 저력이 종종 우리 사회를 깨우치고 일어서게 하는 역동적 근원이었음을 몇몇 현상을 통해 겪어본 우리이기도 하다.

이런 사실들에 기인하면 한국인은 태생적으로 감성 발현에 있어 매우 유리한 조건을 가지고 있다고 할 수 있다. 흔히 말해지는 일반적인 사람들의 정서, 즉 '쾌-불쾌'는 '신명'이라는 개념으로도 충분히 포용할 수 있는 문제라고 여겨지기 때문이다. 어떤 '불쾌'한 것[부정성]들도 기꺼이 '쾌[긍정성]'로 전환시킬 수 있는 한국적 감성 발현의 기제와 그 역동성이 있기에 가능한 일이다.

감성과 카타르시스

카타르시스Catharsis는 그리스어로 '정화淨化'라는 의미이다. 본래 아리스토텔레스가 『시학Poetica』에서 비극이 관객에게 주는 효과를 묘사하기 위해 사용한 은유에서 비롯하였다. 이러한 카타르시스에 관한 가장 일반적인 해석은 관객이 통제된 상황에서 주인공과 똑같은 공포를 경험하고 있다고 느끼게 함으로써 자신의 불안을 외부로 발산하게 하는 것이라고 본다. 또한 비극의 주인공과 자신을 동일시함으로써 공감을 획득하게 하고 이로써 통찰력과 시야를 넓힌다고 본다. 이런 과정에 의해 비극은 언제나 건전하고 교훈적인 영향을 끼친다.

문학적인 측면에서 보자면 카타르시스는 비극을 마주하게 함으로써 마음에 쌓여 있던 우울함, 불안감, 긴장감 따위가 해소되고 마음이 정화되는 일이라고 할 수 있다. 또한 심리학적 차원에서는 이것을 일종의 심리 요법으로 이용하기도 한다. 정신 분석의 과정에서 마음속에 억압된 감정의 응어리를 언어나 행동을 통하여 외부에 표출함으로써 정신의 안정을 찾는 일을 의미하기도 한다.

서구에서는 그간 카타르시스에 대해 여러 가지 의견들이 분분했던 것도 사실이다. 이런 이유에 대해 마광수는 다음과 같이 말한다.

> 서양인들이 플라톤적인 세계관, 즉 이성을 감성보다 우월한 것으로 보는 이성주의적 세계관을 고수해 왔기 때문이다. 데카르트의 합리주의를 정점으로 하여 서양인들은 정신과 육체, 이성과 감성, 또는 도덕과 본능 사이의 분리를 당연하게 생각해왔다. (중략) 이러한 이성우월주의적 세계관 때문에 카타르시스를 단지 '억압된 욕구의 대리적 배설'로 보지 않으려고 하는 갖가지 시도가 이루어졌다. 이를테면 카타르시스는 단순한 심리적 효과만이 아니라 비극의 고통 저 너머에 보이는 어떤 지혜나 직관에 도달하게 한다는 설명이 대표적인 예인데, 문학 특히 비극은 단지 무섭고 슬픈 것을 목적으로 하는 것이 아니라 보다 심각하고 의미심장한 인식의 체험을 마련해 주기 위한 것이라는 주장이다.[19]

마광수는 이러한 의견들에 대해 찬성하지 않는다. 그 근거로 사디즘적인 쾌감의 인정과 비인정 사이의 갈등이 존재함을 내세운다. 그래서 그는 서구적 문학예술전통의 시각에서가 아니라, 동·서양을 통틀어 인간이라면 누구나 느낄 수 있고 경험할 수 있는 '감정 또는 욕구의 대리적 배설(또는 충족)'의 측면으로 카타르시스의 의미와 효용을 폭넓게 고찰하려 하였다.

이런 주장에 동의한다면 카타르시스의 감성 발현 기제로서의 가능성을 말할 수 있게 된다. 특히 아리스토텔레스가 말한 '공포恐怖'와 '연민憐憫' 중에서 특히 '연민'에 대해 주목해 보자. 공포와 연민을 순전히 감정의 한 유형으로만 보았을 때, '공포'는 내가 고통을 당할 때 느끼는 감정이고, '연민'은 남에게 고통을 가했을 때 부수적으로 잠깐 느끼게 되는 감정이라는 마광수의 주장[20]에도 일리는 있다.

그러나 이것들 특히 '연민'에 대해서 감성 발현의 한 기제로 본다면, 그것은 '잠깐 느끼게 되는 감정'에 머물러서는 안 된다. 연민은 한국적 감성 발현의 측면에서 '짠하다'와 닿아 있다. '짠하게 여기는 것'은 대상에 대해 순간적이고 즉발적이며 아주 '잠깐'일 수도 있겠지만, 중요한 것은 그러한 발현이 대상에 따

---

19 마광수, 「카타르시스의 實體的 效用에 관한 研究」, 『연세논총』 24(연세대학교 대학원, 1988), 3쪽.

20 마광수, 위의 글, 10쪽.

라 지속될 수 있고, 반복될 수 있다는 점이다. 그 지속과 반복이 이런 감정들을 감성 발현의 기제로 만들어주는 것이다.

카타르시스는 한국적 감성 발현의 의미에서라면 '웃음'과도 밀접한 관련이 있다. 기쁘거나 행복할 때 나오는 것이 웃음이라는 본래적 의미보다는 슬프거나 행복하지 않을 때 나오는 울음을 정화시키는 장치로서의 웃음의 의미도 있다는 뜻이다. 김대행의 표현대로라면 '웃음으로 눈물 닦기'가 될 수 있겠다.

그는 '웃음으로 눈물 닦기'는 '비애의 정서를 웃음으로 해소하는 의도적 행위'이며, '웃음으로 눈물 닦기'는 웃음과 눈물이 정반대의 상황이나 정서를 의미하는데, 그처럼 상반되는 두 상황을 의도적으로 결합시킴으로써 적극적으로 비애의 상태를 해소할 수 있다고 여긴다.[21] 즉 웃음이 감정의 정화를 이끌어낼 수 있는 어떤 기제가 될 수도 있다는 뜻이다. 물론 웃음 그 자체보다는 웃음을 유발하는 어떤 상황 혹은 장치가 그렇다는 의미이다.

이는 그가 말한 대로 탈맥락적 웃음을 추구하는 과정에서 의도적으로 형성되는 어떤 기제가 될 수 있다. "심각하고 무거운 분위기나 애조가 어울리는 상황에서 돌연 웃음이 터져 나옴으로써 분위기는 웃음판으로 돌변한다. 말하자면 웃음에 의한 비

21 김대행, 『웃음으로 눈물 닦기』(서울대학교 출판부, 2005), 3쪽.

애의 차단이다. 비애의 맥락으로 깊숙이 빠져들던 분위기가 일변하여 웃음으로 뒤바뀜으로써 지금까지의 슬픔은 사라진다."[22]는 정화의 효과를 얻을 수 있는 것이다. 이러한 '웃음으로 눈물 닦기'의 감성 발현 기제로서의 성격과 의미, 그리고 그 방식에 대해서는 다음 글[23]로 대체하고자 한다.

> '웃음으로 눈물 닦기'는 슬픔의 상황에 어떻게 대처할 것인가를 보여주는 상황 대처의 방식이다. 이 점에서 세계에 대한 대응방식으로서의 성격을 지닌다.
>
> 인간의 삶은 문제와 그 해결의 과정으로 영위된다. 우리는 삶의 과정에서 무수한 문제와 부딪히게 된다. 눈물이 필연적인 슬픔의 상황도 그 가운데 하나이다. 이러한 문제는 어떤 방식으로든지 해결되어야 한다. 그리고 그 해결의 방식은 다양할 수 있다. 슬퍼할 만큼 슬퍼하는 것도 해결의 한 방법이 될 것이다. 그러나 소극적이고 별 효과가 없다.
>
> 우리가 삶의 경험 속에서 흔히 터득하는 것이지만 슬픔이나 분노 또는 근심과 같은 부정적인 감정 상태는 시간의 경과

22 김대행, 위의 책, 17쪽.
23 김대행, 같은 책, 96쪽.

가 해결의 좋은 방법이라고 말한다. 그런데 '웃음으로 눈물 닦기'는 웃음으로 그 슬픔을 해결한다. 이는 적극적인 해결 방법이다. 시간을 기다리지 않고 그 슬픔으로부터 빠져나올 수 있는 적극적인 길이라는 데 이 방법의 장점이 있다.

사람이 살아가는 데 부정적 감정의 체험은 불가피할 수밖에 없으므로 그에 대해 적극적으로 대처하는 것이 인간적이라는 태도도 여기에 담겨 있다. 이것은 슬픔의 불가피성과 연관된다. 어차피 겪어야 할 것이라면 적극적으로 해소하는 것이 필요하다는 해결 방식이다. 그러기에 의도적인 노력을 통하여 통상적으로는 전혀 어울리지 않는 상반된 감정을 동원하여 슬픔을 물리친다는 점에서 이는 세계에 대한 대응방식의 성격을 지닌다.

해학과 풍자

해학諧謔이란 익살스럽고도 품위가 있는 말이나 행동이라고 한다. 여기에서 익살스럽다는 것은 제도화된 관념에서 의식적으로 벗어나려는 움직임과 더불어 삶의 역동적인 모습을 긍정하려는 심적 기제로부터 발생하는 미적 자질이라고도 할 수 있다. 그래서 일부에서는 해학미를 말하는 사람도 있다.

해학의 발현은 정상적으로는 비교할 수 없는 두 대상을 비교함으로써 시작된다. 시작부터 부조화의 조화를 함축하고 있는 것이다. 우리의 전통 민속극들이 대부분 이런 구조를 갖추고 있다고 여겨진다. 자세히 보면 이런 전통극의 요소에 '순수한 것들'은 보이지 않는다. 대부분 순수하지 않은 것들, 그래서 부정적 정서를 자아내게 하는 것들로 채워져 있다. 예를 들어 우울함이나 슬픔, 고약함, 변덕스러움, 괴롭힘 등등이 그것이다.

또한 민중들 사이에서 연행되던 전통극인만큼 거기에 녹아 있는 것은 민중 대다수의 삶이었고, 그 투영이었을 것이다. 그런데 우리는 이런 전통극의 '순수하지 않은 것들'로부터 어떤 '연민'이나 '웃음'을 찾아내는 일을 자연스럽게 여긴다. 이것이 한국식 감성 발현 기제로서의 해학의 기능일 수 있다. 따라서 해학은 독특한 우리식의 감성 표현이라고 할 수 있지 않을까 한다.

김유정은 우리 소설에 해학을 접목시킨 대표적인 소설가라고 할 수 있다. 특히 〈봄봄〉은 1935년 12월에 『조광照光』지에 발표된 단편소설로서, 해학과 골계가 주축미가 된 그의 대표작이다. 이러한 그의 소설적 특성은 문체에서도 여과 없이 드러나는데, 살아있는 강원도 사투리에 짙은 해학성을 가미한 언어적 특색을 보여준다는 점이다.

이 작품은 1930년대 강원도 산골을 배경으로 하여 그 곳에서 일어나는 인간들의 애환을 가감 없이 그리고 있다. 장래의 장인인 '봉필'과 우직하고 순박한 머슴이며 장래의 사위인 '나' 사이에 '점순'과의 혼인 문제로 드러난 갈등과 그 해결 과정을 해학적이면서도 회화적으로 그려나간 소설이다. 여기에서는 봉필과 나 사이의 갈등 양상뿐만 아니라 등장인물들의 삶을 당대의 삭막했던 농촌 현실과 대비시켜 제시하기도 한다.

봉필과 나의 갈등은 간교함과 어리석음의 대비로 나타난다. 여기에서 벌어지는 사건들은 오히려 웃음으로 희화화되는 한국적 미로 승화된다. 데릴사위라는 봉건적 사회의 모순된 제도, 또한 그것을 미끼로 하여 삶을 피폐화시키는 사회적 횡포 사이의 대비를 간교함과 어리석음의 희화화를 통해 당대 사회를 고발하고자 한 것이다.

이런 과정에서 작가가 사용한 장치는 해학이었다. 주인공뿐만 아니라 주변 인물들의 갖가지 사건을 걸쭉한 사투리체 대화를 통해 풀어나가려는 의도는 해학의 본질과 정확하게 맞닿아 있다. 비록 몇몇 등장인물들에 국한되어 있기는 하지만, 그 범위를 사회 전체로 확장해서 볼 수도 있다. 이럴 경우 더 나은 삶을 지향하기 위한 주체들의 가장 확실한 의사 표현 장치는 바로 문학과 예술을 통해 발현될 수 있는 해학이었음을 간과할 수 없을 것이다.

민화나 장형시조(사설시조), 판소리, 고소설 등의 경우에서도 이런 해학적 면모는 얼마든지 찾아볼 수 있다. 또한 현대에 이르면 인터넷을 활용한 다양한 해학적 표현들도 쉽게 찾아볼 수 있다. 감성 발현의 장場이 변화함으로써 감성 발현 혹은 표현의 방식도 변화하였겠으나, 그 원초적 기제만큼은 여전히 유효하다고 볼 수 있는 것이다.

풍자諷刺는 또 어떠한가. 풍자는 건전한 사회 비판의 유용한

한 방식이다. 감성을 발현해야 하는 당위에 가장 적합한 기제 중의 하나로도 볼 수 있는 것이다. 이를 예술의 한 형식으로 본다면, 주로 문학이나 연극, 무용, 미술 등의 장르에서 사회를 비웃거나 조롱하면서 그 문제를 드러내보이고자 하는데 사용된다. 다음 작품도 그와 관련한 한 사례가 될 수 있다.

일신一身이 사자ᄒᆞ니 물것 계워 못 살니로다

피皮ㅅ겨 ᄀᆞᆺ튼 가랑니 보리알 ᄀᆞᆺ튼 슈통니 줄인 니 갓ᄭᆞᆫ 니 잔 벼록 굵은 벼록 강벼록 왜倭벼록 긔는 놈 쒸는 놈에 비파琵琶 ᄀᆞᆺ튼 빈ᄃᆡ 삿기 사명使命 ᄀᆞᆺ튼 등에어이 갈ᄶᅡ귀 ᄉᆞ무아기 센 박휘 누른 박휘 바금이 거저리 부리 섄족ᄒᆞᆫ 모긔 다리 긔다ᄒᆞᆫ 모긔 살진 모긔 야윈 모긔 그리마 섈록이 주야晝夜로 뷘 틈 업시 물거니 쏘거니 섈거니 뜻거니 심甚ᄒᆞᆫ 당唐비루 예셔 어려왜라

그 듕에 ᄎᆞᆷ아 못 견될 ᄉᆞᆫ 오뉴월五六月 복伏더위에 쉬ᄑᆞ린가 ᄒᆞ노라

영조 때 판중추부사를 역임한 시조와 한시의 대가인 삼주三洲 이정보李鼎輔의 시조로, 이는 세상世上을 살아가고자 하니 가랑이, 수통이, 잘고 굵은 벼룩, 빈대, 등에, 각다귀, 모기 등의 온갖 물것들이 쏘아대고 물어뜯고 해서 살기가 고달픈 중에서도

오뉴월 복더위에 쉬파리는 더 참기가 어렵다고 한 시조이다.[24] 관리와 양반들을 온갖 벌레로 풍자하여 그들의 백성 수탈을 비판하고 있는 것이다.

사설시조는 사대부시조와 달리 거칠면서도 활기에 찬 삶의 역동성을 담고 있다. 사설시조를 웃음의 미학이라고도 할 수 있겠는데, 일상적 삶 속의 갑남을녀들에 대한 해학적 관찰, 중세적 고정 관념을 거리낌 없이 추락시키는 풍자, 고달픈 생활에 대한 해학 등이 주요 내용을 이룬다.[25] 사설시조가 민중시였다는 점을 감안하면, 이러한 해학과 풍자가 당대인들의 주요 감성 발현 기제였음을 어렵지 않게 짐작할 수 있다.

해학이나 풍자가 꼭 우리 식의 감성 발현 기제라고 볼 수는 없다. 풍자의 목적은 특별한 개인만을 대상으로 하는 것이라기보다는 인간의 삶이 구성되는 모든 사회에서 발생하는 문제를 다루기 때문이다. 그렇더라도 보편적 관점에서 그것이 한국적 감성 발현 기제의 일부임은 부인할 수 없을 것이다.

---

24 서원섭, 『시조문학연구』(형설출판사, 1979), 285쪽.
25 류연석, 『시조와 가사의 해석』(역락, 2006), 163쪽.

감성과 정치

언젠가 한 정치인이 당대 정국을 두고서 "현 정권에 대한 국민의 절망과 분노를 어떻게 희망으로 승화시킬지 고민해야 할 시점"이라고 말한 바 있다. 감성의 역할을 극명하게 보여주는 말이다. 여기에서 '어떻게 ~ 승화시킬지'가 바로 감성이 담당하는 영역이라는 의미이다. 물론 여기에서는 감성의 정치적 영역에만 한한다.

정치가 기본적으로 모든 집단과 사회에서 그 구성원 전체를 구속하는 통일적 결정을 만들어내는 기능을 담당한다면, '구성원'은 정치의 가장 중요한 대상이라고 할 수 있다. 구성원을 이해하지 못하는 정치인은 따라서 정치할 자격이 없다. 더불어 '구속하는' 행위에만 치우치는 정치 또한 실패할 수밖에 없다.

'구속'의 정치적 의미는 통제나 억제가 아니라 '이끎'에 있기 때문이다.

'나라를 다스린다.'는 말의 함의 또한 만만치 않다. 국민들이 인간다운 삶을 영위하게 하고, 상호 간의 이해를 조정하며, 사회 질서를 바로 잡는 역할을 담당하는 행위가 바로 '다스린다'이기 때문이다. 그러나 이러한 '다스린다'라는 용어의 의미를 '지배한다'는 의미와 동일시하는 정치 풍토에서 그 참 의미를 되새기는 일이란 이미 요원한 듯하다.

현대 정치의 최대 화두는 '소통'이다. 그래서 소통은 정치적 감성의 핵심 매개가 된다. 그런데, '지배한다'는 이들의 입장에서 소통은 위에서 아래로의 어떤 흐름에 불과할 뿐이다. 그래서 그들은 그 흐름에 역행하는 행위들이 오히려 소통을 저해하는 요소라고 단언한다. 이들의 단언이 더욱 두려운 것은 그들이 가진 확고한, 그러나 왜곡된 정치의식 때문이다. 이런 의식은 조작된 그 모든 것들에 대하여 정치적 당위성을 부여하고야 만다.

그러한 당위성을 부여받는 대상에는 구성원들의 감정 또한 포함된다. 따라서 구성원들의 감정은 그들에게는 얼마든지 조작 가능한 정치적 대상물에 불과할 뿐이다. 이런 상황에서 그들이 말하는 소통은 조작의 훌륭한 매개가 되지 않을 수 없으며, 그들이 소통을 말할수록 구성원들의 감정은 더욱 조작될 수밖에 없는 것이다. 이런 정치적 행위를 일러 우리는 감성의 조작이라고 말한다.

감성의 조작은 구성원들의 감수성을 질적으로 저하시킨다. 저하된 감수성은 구성원들이 정치적으로 '사소한 것들'에게서 눈을 떼지 못하게 하며, 또한 거기에 몰입하게 만들기 쉽기 때문이다. 올바른 소통을 요구하는 구성원들이 많아지면, 그것의 무마를 위해 한 번쯤 그들과 함께 '떡볶이'나 '국밥' 한 그릇 먹어주는 행위가 과연 정치일까 혹은 조작일까. 그런데도 일부에서는 이런 행위를 두고 '감성정치'라는 용어를 사용해 가며 갖가지 찬사를 아끼지 않는다.

그런데 그것이 감성정치인 것은 맞는 말이다. 문제는 조작되었다는 점이다. 따라서 그것은 '쇼'에 불과할 뿐이다. 그 쇼를 더욱 화려하게 빛낼 이미지일 뿐이다. 유독 정치에서만큼은 감성과 이미지가 서로 전혀 다른 개념임에도 동일한 개념으로 혼용되는 경우가 많다. 정치적으로 보면 어떤 이미지를 통한 호소를 마치 감성적 호소인 양 하는 경우가 많았던 것이다. 그러나 이미지는 그저 보여주기에 불과할 뿐이라는 사실을 인지해야 한다.

감성은 보여주기가 아닌 작용 그 자체이다. 어떤 일에 대한 마음 행위의 작용이라는 의미이다. 따라서 감성정치라고 한다면 어떤 보여주기식 정치가 아닌 스스로 해결해 나가는 정치이며, 그 과정에서 구성원들이 모두 용납할 수 있는 어떤 지점이 생겨나야만 그것을 감성정치라고 할 수 있지 않을까 한다. 감성을 조작하는 것은 민심을 조작하는 행위와 다름 아니다.

제3장

감성적인 것들

사람과 사이

사람이라는 말은 'ᄉᆞᆯ다 / 살다'에서 파생되었다. 사람은 기본적으로 살아가는 존재라는 의미이겠다. 살아가는 존재가 사람뿐만은 아니겠지만, 어차피 언어를 만들어내고 그것으로 사유체계를 세워 온 존재 역시 사람이니, 이 역시 사람 중심의 생각인 것만은 분명해 보인다.

어원으로 보아 '살다'는 연소燃燒 현상을 뜻한다고 보인다. '사르다'에서 음절 사이의 모음이 떨어지고 리을(ㄹ)이 앞음절 받침으로 붙어 '살-'이 된 것이라 하겠다.[1] 다시 말해서 'ᄉᆞᆯ다'는 불사르다의 뜻으로, 타는 것과 태우는 것의 상호작용 현상이라

---

1 정호완, 『우리말의 상상력』(정신세계사, 1991), 228쪽.

고 할 수 있다. 그런 까닭에 타는 것과 태우는 것의 '사이'를 지탱하는 것이 어쩌면 '삶'이라고도 할 수 있겠다.

공간과 공간의 사이, 시간과 시간의 사이, 그리고 인간과 인간의 사이에서 이루어질 수 있는 삶의 양상은 상상을 불허할 정도이다. 공간, 시간, 인간 그 자체에서도 사이[간間]가 있으니, 사람에게 있어서 사이란 삶의 핵심 조건이라 하지 않을 수 없다. 시공을 초월하는 삶 또한 그 사이가 있기에 가능한 것이다. 건널 수 있는 사이가 있다는 것, 채울 수 있는 사이가 있다는 것은 사람이 그것의 극복을 위해 부지런히 움직여야 한다는 역동의 근원이 되기 때문이다.

사이가 없다면 그 틈에 흐를 수 있는 그 어떤 것도 존재할 수 없다. 시공의 단절뿐만 아니라 사람 사이의 단절 또한 불을 보듯 뻔하다. 문제는 그 틈에 흐르는 어떤 것이 인식하는 사람에 따라, 즉 주체의 인식 능력 혹은 시각에 따라 각기 차이가 생길 수 있다는 것이다. 삶의 다양성은 이러한 차이에 비롯한다. 그러나 이러한 차이에 대한 조작과 무시는 다양성이 아닌 차별을 낳는다. 가장 안 좋은 형태의 삶의 모습이다. 인정이나 소통의 노력 없이 대립과 증오로써 틈의 간격을 메우려는 모습이라면 사람들이 '살아가는' 본질은 흐려질 수밖에 없다.

사이는 삶의 가장 기본적인 에너지원이다. 옛사람들은 그 에너지원을 채우는 요소로 정情과 사랑을 꼽았다. 사랑 또한 연소燃燒와 관련이 있다. 정호완[2]은 '사랑'을 '사르다'에서 나왔다고 본다. 즉, 불태워 없앰을 이르는 행위에서 사랑이라는 단어의 연원을 찾은 것이다. 그에 의하면 근원적으로 생명현상은 그 무엇을 불태움으로써 생겨나는 에너지를 통해 가능해진다고 한다. 따라서 이러한 생명현상을 반영하고 있는 '슬다[소燒]'에서 '사랑'이 비롯되었다는 것이다.

그런 점에서 본다면 삶은 곧 사랑 그 자체이다. 그리고 그 사랑은 나에서 비롯하여 수많은 사이 영역을 가로질러 타자들에게 공유되는 그런 사랑이다. 그래서 사이는 또한 나눔과 공유를 위한 삶의 한 장치가 된다. 나만의 삶이 아닌 타자와의 삶을 염두에 둔 까닭이다. 즉, 사이가 있다는 의미는 타물他物의 존재를 인정한다는 의미와 다름 아닌 것이다.

사이에 선 사람 홀로 그 사이를 채울 수는 없다. 사이가 물[수水]과 같은 점이라면 흐를 수 있는 여지가 있다는 것이겠지만, 그 다른 점이라면 일방적이지 않다는 것이다. 물은 언제나 위에서 아래로 흐르지만, 사이에는 위아래의 개념이 존재하지 않는다. 부족한 듯 채워지고, 넘치는 듯 균형을 맞추는 삶의 원천이 바로 사이의 속성이기 때문이다.

이러한 삶의 원천을 채우고 나누며 공유하는 이는 결국 사람

---

[2] 정호완, 같은 책, 230쪽.

들이다. 자신을 채움으로써 어떤 식으로든 나눔과 공유의 여지를 만들어내고, 특정한 상황에서 그것들을 행하는 바가 '사람의 일'인 것이다. 그리하여 그 사람의 일을 가능하게 해주는 것이 바로 감성이라고 할 수 있다. 감성은 삶에 있어 나눔과 공유를 실천하게 하는 마음 기제가 된다. 충만한 사랑의 감정을 홀로 묵히지 않고, 그것으로 인하여 타자에 대한 나눔을 생각할 수 있도록 만드는 것이 바로 감성 혹은 감성적인 것들의 작용인 까닭이다.

그렇다고 보면, 사이는 결국 관계이자 관계 맺기라고 할 수 있다. 사이 자체에 놓여 있는 간극을 인정하는 순간부터 주체와 타자는 비로소 상호 존재로서의 의미를 획득할 수 있게 된다. 그 의미를 더욱 가치 있는 것으로 만들기 위한 행위가 바로 관계 맺기인 것이다. 따라서 사이의 연결망은 획일적이거나 단순하지 않은, 열려진 모든 가능성이요 모양이 된다. 그 가능성과 모양을 형성하는 것이 바로 주체의 감성적 능력이자 감성 발현의 한 당위가 되는 것이다. 그 모양을 꾸미는 것은 물론 감정과 감정, 감정과 정서, 주체와 타자 등과의 관계 맺기에 따른 결과물임을 부인할 수 없다.

우리와 '우리의식', 그리고 정

우리나라에서는 마을공동체, 즉 마을 내 이웃 간의 결속력이 매우 크다고 한다. 그러나 전통적으로 마을과 마을 사이의 소통이 원활하지 않았기에 마을간 결속력은 다소 부족했다고도 볼 수 있다. 그럼에도 불구하고 이러한 결속력을 묶어준 것은 잦은 변란과 그것들로부터 지켜내기 위한 '우리', 혹은 그것들을 물리치기 위한 '우리의식'이 아니었을까 한다.

'우리'란 말은 본래 소우리, 돼지우리라고 할 때의 '우리'에서 비롯된 말로, 이처럼 처음에는 공간 명사로 쓰이다가 후에 복수 인칭을 나타내는 대명사로 쓰이게 된 것이라고 한다. '우리'는 '울+이〉우리'로서 원래는 몸을 둘러싼 울타리와 같은 것, 말하자면 너와 나의 공간을 뜻하였는데, 이때 '울'은 '옷'의 시옷 받침(ㅅ)이 리을(ㄹ)로 바뀌어 된 말인 바, 그 원초적인 의미는 몸에 걸치는 옷과 바탕을 같이하고 있다는 것이다.[3]

이러한 '우리'에 대해 최상진은 "'우리'관계가 형성되면 '정情'이 개입되며, '정'이 들게 될 때 '우리의식'은 싹트게 된다. 결국 '우리'가 '정'의 의식적 표상이라면, '정'은 '우리의식'의 감정적 요소라고 볼 수 있다."[4]고 말한 바 있다. 우리와 우리의식, 그리고 정의 관계에 대해 비교적 명확하게 설명한 진술로 보인다. 그러나 이때 정을 단지 하나의 감정적 요소라고 보기보다는 이것을 좀 더 적극적인 측면에서 감성적인 것들, 즉 감성을 발현하게 하는 하나의 기제라고 보아야 할 것 같다.

그와 최수향[5]은 자신들의 이러한 해석을 검증해 보기 위해 '정情'에 대한 경험 표상 연구를 실시하였는데, '정'은 기본적으로 네 가지 조건에서 형성된다고 하였다. 먼저 첫째는 정이 '동거성'을 조건으로 한다는 것이다. 이때 정은 장기간의 동거성

3 정호완, 같은 책, 45쪽.

4 최상진, 「한국인과 일본인의 '우리'의식 비교」, 한국심리학회 연차대회 학술발표논문초록, 1993, 232쪽.

5 최상진, 최수향, 「정의 심리적 구조」, 한국심리학회 연차대회 학술발표논문초록, 1990, 1~9쪽. 이하 진술 내용은 최상진, 유승엽, 「한국인과 일본인의 '情'에 관한 심리학적 비교 분석」, 『인문학연구』 제21집, 중앙대학교 인문과학연구소, 1994, 142~143쪽에서 발췌 및 재인용.

대면 접촉 속에서 형성된다. 둘째로 '공동 운명성'이다. 정은 공동의 시련과 희노애락의 경험을 가지는 가운데 형성된다는 것이다.

셋째는 '다정성'을 조건으로 삼았다. 여기서 다정성이란 상호이해와 포용의 정신, 그리고 도와줌을 경험하면서 정이 형성된다는 해석이다. 마지막으로 '탈경계성'을 들었다. 정은 결과적으로 서로간의 경계선이 약화되고 나와 남이 아닌 '우리성'의 단위로 용해될 때 형성된다고 보았다. 그리하여 '정情'은 이런 방식을 통해 형성되고 또한 이러한 상태가 곧 정든 상태라고 규정한다.

그의 진술 중 주목할 만한 또 한 가지는 그가 논리적으로 '정'이 형성되기가 어려운 것으로 보이는 두 가지의 다른 특성을 추출했다는 점이다. 그 하나는 인간적 '연약성軟弱性'이며, 다른 하나는 어리석을 정도로 착한 '우선성愚善性'이 그것이다. 여기서 그는 '바보 온달 이야기'를 대표적인 사례로 삼았다.

즉, 바보 온달의 심리적 특성이 남으로부터 정감을 자아낸다는 사실은 합리주의와 이성주의 그리고 능력주의를 신봉하는 서구인의 시각에서 볼 때 이해하기 어려운 한국 문화의 독특한 심리 특성이라고 해석한 것이다. 이러한 심리 특성이 바로 한국적 감성 혹은 감성 발현의 한 기제로 활용될 수 있는 가능성을 열어주고 있음은 물론이다.

이러한 정의 특성에 대해 이규태는 민족성의 관점에서 풀어 설명하기도 하였다. 특히 그는 정의 지속성에 주목한다. 이는 최상진이 말한 동거성과도 관련이 있다. 다시 말해 정은 순간적 발현의 양태를 보이지 않으며, 관계를 맺고 있는 주변인들과 반드시 지속적인 대면 혹은 교유 관계 속에서 부정적이든 긍정적이든 그 모습을 드러낸다는 점이다.

이규태[6]는 '정'이 한국인이라는 존재를 증명하는 정서의 동일성 가운데 하나가 아닐 수 없다고 말한다. 그리고 정은 혼자 있을 때나 고립되어 있을 때는 우러날 수 없다고 하였다. 어디까지나 어떤 '관계'가 있어야만 우러나는 감정이며, 그래서 정은 상대적 산물이고, 관계에서 우러나는 것이라고 말한다. 물론 그 전제 조건으로 '관계의 시간적 지속'이 있어야 함은 물론이다.

따라서 그는 어느 한 민족이 정에 성숙하다는 것은 관계가 지속될 수 있는 여건이 보장되었음을 의미한다고 말한다. 여기저기 떠돌아다니는 이동성 생업을 가진 문화권에서는 잦은 이동 때문에 관계의 지속이 어려워 정이 깃들 수 있는 여지가 적다는 것이다. 요컨대, 정의 발생과 성숙의 여건은 '시간적 지속성'이 좌우한다는 의미이다.

---

6 이규태, 같은 책 1, 16~18쪽.

그가 말한 '정'의 또 다른 발생 요인으로는 집단성이 있다. 집단성의 반대 개념은 고립성이요, 개인성이다. 집단성이 강한 사회는 접촉 빈도가 높고, 개인성이 강한 사회는 접촉 빈도가 낮다고 하였다. 여기서 중요한 것은 정의 집단적 형성과 성숙이 아니라 정의 상대성을 말하고 있다는 점이다. 다수의 불특정 상대가 있기에 정의 집단성이 형성된다는 뜻이다.

그의 말대로라면 우리 사회는 접촉 빈도가 매우 높은 상대적 구조를 가지고 있다고 하겠다. 이러한 구조는 그 긍정적 측면 못지않게 부정적 측면도 부각되기 마련이다. 잦은 대립과 갈등의 구조 역시 원천적으로 이에서 비롯된다고 할 수 있다. 문제는 그러한 대립과 갈등을 극복하는 방식이다. 우리 사회는 예로부터 그것들을 극복하는 방식을 터득하고 있었지만, 상대성보다는 개인성을 중시하는 풍토로 전환되는 시점부터 그 방식을 멀리하게 되었다.

앞서 말한 바 있는 '상대성의 유쾌한 인정'은 그야말로 정을 기저로 한 우리 식의 갈등 극복 방식이 될 수 있다. 상대방의 견해가 잘못되었더라도, 혹은 상대방의 방식으로 잘못된 결과를 낳았더라도 그것이 모두 자신에게서 비롯되었다고 먼저 인정해버리는 태도, 그리하여 나를 상대방 혹은 상대 집단 속으로 습합되게 하는 태도가 바로 그런 방식이 일례이다. 우리 의식의 기저에는 이런 태도가 깔려 있었던 것이다. 그러나 이러한 정이 매개된 우리의식에 대해 다르게 평가하는 부분도 있다.

> 강한 집단주의로 인해 파생되는 것이 한국인의 고질적인 병폐인 내內집단·외外집단 가르기이다. 이것을 사회심리학자들은 아예 '우리주의Weism'라고 부른다. 그저 매일 '우리, 우리'만 찾는 게 우리들 아닌가? 우리는 내집단에 속한 사람들에게는 한정 없이 잘 대해 주지만 외집단 사람들에게는 배타적이고 심지어는 원수처럼 대한다.[7]

이 글이 말하는 우리의식의 폐해는 '내內집단 우선주의', 즉 우리로부터의 타자들의 배제 혹은 배타이다. 그러나 이것이 과연 우리 사회의 보편적인 현상일까 하는 데에는 의심의 여지가 있다. 오히려 우리는 지금 배타적인 모습 없이 내집단 속으로의 외집단 사람들의 이주가 자연스러운 사회적 상황을 목도한다. 단지 그 과정에서 약간의, 그야말로 개인적인 충돌이 보이기는 하지만, 그러나 그것이 보편적인 모습이라고 보기에는 어렵다. 다문화가정 형성의 초기 모습과 지금의 모습을 비교해 본다면 충분히 그 증거가 될 수 있다고 본다.

---

7 최준식, 『한국의 종교, 문화로 읽는다』(사계절, 1998), 199쪽.

이제 우리의식은 배타적이거나 배제적인 모습에서의 부정성을 강조하기보다는 그것은 능가하는 긍정성을 재평가해야 할 시점에 이른 것 같다. 정의 집단성은 곧 개인의 고립성을 배제한다. 다시 말해서 열려 있음을 의미한다. 그 안에서 개인 대 개인, 집단 대 집단의 자연스러운 습합을 위한 약간의 갈등과 충돌이 존재할 수는 있지만, 그것마저도 수용할 수 있게 된 것은 '열려 있는 우리의식'의 역할 때문인 것이다.

정情을 물의 속성과 비유하여 설명하는 경우도 있다. 물의 얕음과 깊음을 비유하여 '얕은 정', '깊은 정'을 이야기하고, '정이 흐른다', '정을 기울인다'를 말한다. 이 물 또한 그냥 물이 아니라 따뜻한 물이다.

> 정은 이렇게 물과 같은 것인데, 그 물은 그냥 물이 아니라 따뜻한 물, 마음의 온천에서 넘쳐흐르는 물이다. '따뜻한 인정'이라고 하지 '차가운 인정'이라고는 하지 않는다. 또 온정溫情, 열정熱情 같은 말들도 본디 정이 따뜻한 것임을 말해 준다. 그런데 그 따뜻함이 식어 버리면 말 그대로 냉정冷情하게 되고 만다. '미운 정 고운 정 다 들었다'는 말처럼 정에는 미운 정과 고운 정이 있다. 그런데 미운 정이 지나치면 역정逆情이 된다. 역정은 거꾸로 된 정, 정이 바로 흐르지 않고 거꾸로 흐르게 되면 화가 날 수밖에 없다. 그래서 화가 날 때, 성이 날 때 '역

정이 난다'고 말하는 것이다.[8]

이처럼 따뜻한 정情으로 표상되는 열려 있는 우리의식은 그 자체로 일종의 배려가 아닐까 한다. 정情이 통하지 않는다는 것은 마음이 닫힌 까닭이다. 닫힌 마음은 정을 거꾸로 흐르게 하며, 그것은 역정逆情을 낳고 갈등을 쌓는 원인이 된다. 배려는 마음을 움직이는 힘이다. 또한 열려 있는 마음은 어떠한 갈등이나 모순도 극복할 수 있는 감성의 원천이다. 따라서 배려는 열려 있는 마음을 추동하게 하는 역할을 충실히 수행하려는 감성 발현의 적극적 기제가 될 수 있는 것이다.

---

8 장승욱, 『재미나는 우리말 도사리』(하늘연못, 2002), 185쪽.

감성과 욕망

욕망慾望이라는 것은, 말 그대로만 보자면, 무언가 하고 싶은 마음 그 자체일 것이다. 그러나 그 욕망이 사람마다 다른 까닭은 '무언가'에 해당하는 대상이 서로 다르기 때문이다. 또한 그 무언가가 이루어질 가능성이 적어질수록 이에 대한 욕망의 크기는 반비례한다. 대개가 그렇다. 그런 까닭에 사람들은 절망을 이야기하고, 망각이나마 붙잡으려 하며, 응어리진 한恨을 토로하는 경우가 잦아지는 것이다. 그러나 그럴수록 마음은 오히려 더욱 굳게 닫혀간다.

이렇듯 마음의 열고 닫음이라는 측면에서 욕망은 감성과도 어느 정도 연관이 있을 것이다. 욕망을 정확하게 정의하기는 어렵겠지만, 범박하게나마 인간의 행동을 야기하는 어떤 심적인 동인動因 정도로 볼 수는 있다. 이때 그 심적인 동인이라 함은 아마 부족함을 느끼는 상태에서 그것을 채울 어떤 것을 가지고자 탐하는 마음이 될 수 있을 것이다. 이 '탐하는 마음'에 방점을 두면, 욕망은 부정적 가치가 된다. 욕망에 대한 금욕주의의 대표적 관점이다.

이러한 욕망에 대해 『브리태니커』에 의하면, 홉스는 모든 인간의 자발적인 행동은 자기쾌락 또는 자기보존의 목적을 지향하고 있다고 했는데, 근본적인 심리적 동인이 쾌락에 대한 욕망이라고 주장했기 때문에 심리학적 쾌락주의로 더욱 알려져 있다. 그는 선善이란 '욕망의 모든 대상'이라고 정의하면서, 이 용어가 각각의 개인과 관련하여 사용되어야 한다고 주장했다. 왜냐하면 어떤 것도 그것을 욕망하는 사람과 독립해서 본질적으로 선하지는 않기 때문이다.

홉스가 쾌락에의 욕망을 인간 본성의 변함없는 사실로 인정하고 그 위에 윤리적·정치적 체계를 수립하려 한 데 반해, 스피노자는 인간의 자연적 욕망을 굴레bondage로 보았다. 따라서 인간의 행복은 이들 욕망을 충족시켜 주는 것이 아니라 이성을 적용해 변형시키는 데 있다고 하였다.

스피노자의 이런 견해는 홉스와 대조될 뿐만 아니라 흄의 입장과도 반대되는데 그것은 스피노자가 이성을 정열의 노예가 아닌 그 주인으로 보았기 때문이다. 스피노자와 루소의 전통을 계승한 칸트는 욕망에서 비롯되는 행동은 자유로울 수 없으며 자유는 단지 이성적 행동에서 찾을 수 있다고 주장했다. 그는 욕망에 기반을 둔 모든 행동을 가언적 명령hypothetical imperative이라고 명명했다.

이러한 욕망에 대한 관점들은, 홉스를 제외하면 결국 이성의 지배 속에서 이루어지는 그 어떤 것들이다. 인간이 가진 욕망이 선한 의도에서든 아니면 불선한 의도에서든 간에 그로부터 파생되는 모든 행위는 결국 이성의 변형 혹은 그 지배 아래 존재할 수밖에 없다는 뜻이겠다. 또한 그런 의미에서라면 욕망은 인간의 본연적 감정을 좌우하는 감성의 인위적 요소가 될 뿐이다.

그러나 그것을 이성적 차원에서가 아닌 감성적 차원에서 해석한다면 조금 다른 개념이 성립될 수 있다. 욕망의 과정에서 필연적으로 일어나는 행위에 대하여 이성이 아닌 감성에 의해서도 충분히 조절될 수 있다는 전제에서라면 가능한 일인 것이다. 이러한 전제는 이성과 감성이 대척점에 있는 어떤 개념들이 아닌 그것들 모두 '감성적인 것들'로 포괄되어 선善을 지향할 때 더욱 분명하게 성립될 수 있다.

이런 관점에서 감성에 의해 조절되는 욕망은 '최소화'라는 주체의 마음가짐과 관련을 갖는다. 즉 자신이 가진 욕망을 숨기면서 선을 지향하려는 태도보다는 그것을 가장 최소화하면서 선을 지향해야 한다는 것이다. 이때 자기 욕망을 최소화하려는 노력 과정이 바로 긍정적 감성 발현에 다름 아니다.

또한 그 욕망을 가장 최소화하려는 주체의 노력과 행동은 궁극적으로 '소통'의 필요충분조건이 될 수 있을 것이다. 그 대표적인 양태로 지칭할 수 있는 행위가 바로 믿음과 열려 있음을 기저로 한 '배려' 혹은 '겸양'이나 '겸손'이다. 주체가 가진 세계에 대한 믿음과 열려 있음은 욕망의 최소화를 위한 가장 기본적인 조건이라고 할 수 있다. 욕망이 최소화된 주체의 직관은 최소화된 그만큼 최대화된 세계를 포용할 수 있게 되는 것이다. 포용하려는 주체의 마음, 즉 욕망의 최소화를 실현하려는 주체의 마음은 이성이 아닌 감성적인 것들의 상호 작용에 의해 행위화 되며, 그것이 곧 배려와 겸손인 것이다.

이러한 주체의 감성 발현이 실현된 사례로 문학 장르를 들어 보는 것은 어떨까 한다. 시조의 경우 이에 매우 적합할 듯하다. 시조는 그 형식과 내용에서 가장 절제되어 있으면서도 욕망이 가장 최소화된 그리고 최고의 겸양이 묻어나는 대표적인 우리 시가 장르라고 생각된다. 이는 최소화된 시조의 형식 구조에도 잘 알 수 있는 부분이다. 물론 형식 구조만으로 시조가 최고의 감성 발현 사례가 되는 것은 아니다.

시조를 비롯한 모든 시가 문학은 감정이 아닌 정서의 문제를 다룬다고 한다. 이때의 정서란, 즉발적 표현 양태를 가지는 감정의 상태에서 그 감정 주체가 가지는 일련의 지각 행위가 투영된 상태를 말한다고 볼 수 있다. 그렇다면 시조를 포함한 우리 시가의 대개는 정서의 문제를 넘어 감성의 문제로 파악되어야 한다고 여겨진다.

왜냐하면 우리 시가의 완성은 정서라는 것을 형성하게 하는 주체의 작용으로만 그치는 것이 아니라 그것 이외의 의미를 부여해 줄 수 있는 '앎'의 요소가 더해진다고 여기기 때문이다. 그렇게 더해진 앎의 요소는 정서를 감성 작용의 결과로 인지하게 해주는 동시에 그것이 주체의 욕망을 최소화해주는 장치임을 암시하는 것이다. 따라서 시조에서의 의미 구조는 그것이 곧 감성 표출을 위한 시적 장치임을 함의한다고 할 수 있겠다.

그렇다면 이러한 시조의 감성 구조는 어떤 식으로 설명할 수 있을 것인가? 물론 시조에서 인식되어 표현되어야 할 '대상'은 작품의 필수 요소이다. 거기에 대상을 '인식하는 주체'가 있으며, 인식의 결과를 보여주는 '언어적 표현'이 수반되어야 한다. 이 과정에서 대상과 대상(혹은 주체)의 인식 사이에는 일정한 작용이 필요하고, 이러한 일정한 작용이 감성의 작용에 포함된다고 보기 때문이다. 왜냐하면 대상에 대한 인식은 주체의 여러 경험들에 의한 기억에 가깝거나 혹은 생경한 감정들의 혼용 상태에서 이루어질 가능성도 존재할 수 있기 때문이다. 물론 이러한 인식의 이전부터 존재했던 여러 환경적 배경 또한 이러한 작용의 범위에 포함될 수 있을 것이다. 이런 과정을 거침으로써 비로소 하나의 시조 작품이 완성되는 것이다. 나아가 그것들 사이의 관계를 유기적으로 연결시키는 일은 작품의 완성도를 높이는 필수불가결한 과정이며, 그것을 구조화라고 말할 수 있겠다.

따라서 이 구조화의 과정에서 대상과 대상을 인식하는 주체의 사이에는 일정한 작용이 필요할 터인데, 이러한 일정한 작용이 바로 감성의 작용이라고 여겨진다. 왜냐하면 대상에 대한 인식은 주체의 여러 경험들에 의한 기억에 가깝거나 혹은 생경한 감정들의 혼용 상태에서 이루어질 가능성이 크기 때문이다. 물론 이러한 인식의 이전부터 존재했던 여러 환경적 배경 또한 그 작용 범위에 포함될 수 있을 것이다.

백제의 노래인 〈정읍사〉에서도 욕망의 최소화 방식을 엿볼 수 있다. 감성이 욕망의 잠재된 발현체라고 할 수 있는 것은 그것이 최소화하는 방식을 갖고 있기에 성립되는 전제이다. 〈정읍사〉에서 여인이 갖고 있는 욕망은 궁극적으로 무사한 사랑의 확인이라고 볼 수 있다. 이때 그에 따른 욕망의 최소화 방식은 바로 '염려'와 '기다림'이다.

> ᄃᆞᆯ하 노피곰 도ᄃᆞ샤
> 어긔야 머리곰 비취오시라

어긔야 어걍됴리
아으 다롱디리

져재 녀러신고요
어긔야 즌 ᄃᆡᄅᆞᆯ 드ᄃᆡ욜셰라
어긔야 어걍됴리

어느이다 노코시라
어긔야 내 가논 ᄃᆡ 졈그ᄅᆞᆯ셰라
어긔야 어강됴리
아으 다롱디리

〈정읍사〉

이 노래에서 '즌 ᄃᆡᄅᆞᆯ 드ᄃᆡ욜셰라' 즉, 진 데를 밟을까 두렵다는 구절은 화자의 염려를 나타내는 직접적인 표현이라고 볼 수 있다. 물론 이 '진 데'를 색주가로 보아 이 노래 전체를 남녀상열지사로 보는 견해가 있기도 하지만, 그것은 화자의 염려를 드러내기 위한 하나의 소재에 불과할 뿐, 노래 전체의 의미를 해칠 정도는 아니다. 즉, '즌 ᄃᆡ'는 화자의 입장에서 염려의 대상인 남편에게 일어날 수 있는 모든 부정적 상황에 대한 함의에 불과한 것이다.

'어느이다 노코시라'라는 구절도 마찬가지이다. 혹자는 이 구절을 두고 '어느 누구와 놀고 계시느냐'는 의미로서 화자의 의심을 의미한다고 보기도 한다. 그러나 노래의 전체적인 맥락을 생각한다면, 이 구절은 '어느 곳에든지 놓고 계시라'거나 '놓고 오시라' 등의 의미가 더 타당할 듯하다. 그것은 피곤한 남편에 대한 '염려' 또는 귀가를 '희망'하는 화자의 마음으로 보기 때문이다.

더불어 이 노래에 함의된 화자의 욕망과 그로 인한 모든 부정적 인식, 그리고 그 표현은 첫 구에 보이는 '달'이라는 대상에 의해 표출되면서 또한 동시에 극복되기도 하는 이중적 성격을 가지고 있다. 즉, '달님이시여, 높이 높이 돋으시어 머리 위를 비추어 주십시오'라는 첫 구절의 의미는 화자의 욕망이 표면적으로 배출됨을 시사한다. 남편에 대한 사랑을 높이 뜬 달로 비유하고자 한 것이다. 나아가 밝게 비추는 달은 또한 남편의 야행을 걱정하는 배려의 상징이 되기도 한다.

이런 상징들은 본래 달이 가진 원형적 이미지와도 상통한다. 남편의 사랑을 갈구하는 욕망의 이미지, 남편의 안전을 기원하는 염려의 대상, 어둠을 밝히는 광명의 상징이 바로 그것이다. 이것들은 노래 안에서 화자의 욕망과 하나로 총화되어 결국은 의미적으로 이중 순환 구조를 이루게 되는 것이다. 달이 지면 어둠이 오는 것처럼, 사랑에 대한 화자의 욕망을 상징하는 달이 사라져버리면 자신의 사랑도 사라질 것 같은 내면의 불안함과 그럼에도 불구하고 그것을 극복하고자 하는 또 다른 욕망이 충돌하고 있는 것이다.

다시 말해 이 노래에서 달은 화자의 염려를 함께 하는 대상이요, 걱정을 완화시켜주는 구체적 물상이 되기도 하며, 꺾이지 않는 기다림을 상징하는 매개물이 되기도 한다. 그리하여 이 노래에서의 달은 화자의 욕망을 드러내는 직접적인 매개물일 뿐만 아니라, 그 욕망을 최소화하여 드러내기 위한 시적 장치가 되기도 하는 것이다.

결국 우리는 이 노래를 통하여 '염려'는 상대에 대한 믿음과 배려 없이는 성립될 수 없는 행위이며, 기다림 또한 그에 기반하고 있음을 알 수 있다. 따라서 욕망의 최소화 방식은 곧 그것 자체로 감성의 표현 방식이라고 할 수 있으며, 그에 따라 발현되는 감성의 양상은 주체의 열린 마음 상태에 따라 조금씩 달리 나타나게 되는 것이다. 물론 이러한 양상이 조금씩 달라지는 현상은 최소화의 범주에 대한 주체의 수용 능력, 즉 주체의 감수성의 질質과 관련되어 있을 것으로 보인다.

오욕과 칠정

오욕五慾이란 불교에서 말하는 다섯 가지 욕심, 즉 색色·성聲·향香·미味·촉觸 등 감각에 집착하여 일으키는 정욕情欲을 말한다. 재물, 여색, 음식, 명예, 수면 등의 다섯 가지 욕망을 의미하기도 한다. 이것들은 또한 오경五境이라고도 하는데, 이 오경은 욕구 혹은 욕망의 대상일 뿐, 그 자체는 아니다. 그러나 이 다섯 가지가 모든 욕망을 불러일으키므로 오욕이라 한 것이다. 불교에서는 이러한 오욕을 '의식'의 모태母胎, 일명 매트릭스Matrix가 되는 것이라고 여긴다. 따라서 오욕은 인간의 의식을 생동하게 하고 발전시키는 일종의 원초적인 매개체라고도 볼 수 있는 것이다.

칠정七情은 인간이 가진 감정들 중에서 가장 기본적이며, 보편적인 것들이라고 말해진다. 그러나 이 감정들은 결코 개별적으로 존재할 수 없는 것들이다. 우리가 개별적, 원자적原子的 감정이라고 말하는 이유는 단순히 그렇게 명명되었던 까닭에 불과하며, 이미 발현된 상태로서의 그 감정을 대하였던 기억 때문이다. 즉, 특정 감정이 그런 상태로 발현하기 전까지 주체의 내면에서 일어나는 보다 복잡한 작용들이 역할을 충실히 생각하지 않는 것이다. 어떤 대상에 대한 반응의 차원에서 무리 짓거나 다발 지으며, 즉 배제하거나 습합하는 그런 과정을 거치면서 무게중심이 옮겨간 쪽의 감정 상황에 대한 숙고 없이, 그저 합당하다고 여겨지는 이름을 대표적으로 부여한 것일 따름이다.

앞서 감정과 감정의 어떤 지점들로서의 '쾌快-불쾌不快'에 관한 이야기를 잠시 한 바 있다. 이런 느낌들이 전제하는 것은 반드시 그것을 불러일으키는 어떤 대상 혹은 자극이 존재한다는 점이다. 그리고 그것들은 언제나 고정된 것이 아니라는 점이다. 즉, 어떤 대상이나 자극에 대해 늘 같은 느낌을 지닐 수는 없다는 것이다. 마치 분리되어 있는 듯 보이지만 그것들은 언제나 지점들을 공유하려는 움직임 속에서 항상 상호연관성을 가지고 있음을 볼 수 있는 것이다.

이러한 특성을 다시 칠정七情과 연관 지어 보자. '희喜·락樂·애愛'의 감정은 기본적으로 '쾌快'에 가까우며, 그리고 '노怒·

애哀·오惡' 혹은 '노怒·애哀·구懼'는 '불쾌不快'에 가깝다고 할 수 있다. 그리고 여기에 남아 있는 '욕慾'은 특정한 개별 감정이라기보다는 다른 감정들을 유발하는 기제의 역할을 담당한다고도 볼 수 있다. 위에서 말한 오욕이 욕구 혹은 욕망의 대상을 지칭한다는 의미와 흡사하다. 여기에서 오욕이 칠정과 불가분의 관계를 맺을 수 있는 한 여지를 만나게 된다.

먼저 '희喜·락樂·애愛'는 다시 '희喜·락樂'과 '애愛'로 분리하여 설명할 수 있다. '기쁨'이나 '즐거움'이 보다 직접적인 감정이라고 한다면, 이에 대해 '사랑'은 직접 느껴지는 감정이라기보다는 그렇게 되도록 만드는 일종의 태도에 더 가깝다고 보기 때문이다. 또한 사랑은 기쁨이나 즐거움이라는 감정을 포용할 수 있지만, 기쁨이나 즐거움이 반드시 사랑으로 인하는 것은 아니라는 사실도 주목할 만하다.

즉, 기쁨이나 즐거움을 느끼게 하는 자극이 반드시 사랑만은 아니라는 의미이다. 그럼에도 '애愛'가 언급되는 것은 인성人性, 그것도 성선설性善說에 기반한 인성의 대표성을 바로 '사랑'이 갖고 있다고 보았기 때문일 것이다. 이런 점에서 사랑은 희喜와 락樂의 모태 기제요, 그러한 개별 감정과 감정 지점들 사이의 추동을 담당하는 감성의 핵심 기제라고 볼 수 있는 것이다.

다음으로 '노怒·애哀·오惡'라는 감정들 역시 이런 식으로 설명할 수 있다. '분노함'이나 '슬픔'은 직접적으로 발현될 수 있는 것들인 반면, '미움' 혹은 '미워함'은 주체의 마음 태도나 행위로 보는 것이 더 타당하기 때문이다. 이때 분노함의 원인은 미움이요, 슬퍼함의 원인 역시 미움일 수 있다. 또한 미움은 두려운 것들에 대한 거부태拒否態일 수도 있다.

미워서 슬플 수도 있지만, '슬프게 해서' 미워할 수도 있다. 또한 무언가에 대해 너무 두렵게 한 까닭에 그것은 증오의 대상이 될 수도 있는 것이다. 그것이 바로 그들 간의 상호 연관성이요, 좁은 의미에서의 감정 스펙트럼을 보여주는 과정이다. 그래서 성악설性惡說은 인간 본성을 일으키거나 움직이게 하는 것들의 원초적 기제를 '악한 것', 또는 '미운 것'으로 본다. 그런 점에서 '오惡'는 '노怒'와 '애哀'의 감정을 일으키거나 습합 또는 배제하게 하는 감성 기제가 될 수 있는 것이다.

나머지 '욕慾'은 이 두 부류의 감정 묶음들을 보다 확장된 차원에서 상호 관련성을 갖게 하는 기능적 매개 기제라고 할 수 있다. 즉, 두 묶음을 형성할 수 있게 한다는 관점에서 '애愛'와 '오惡'의 태도를 불러일으키는 매개가 '욕慾'이라는 의미이다. 그리고 개별 묶음 안에서 각각의 감정들을 추동하는 매개로서의 '욕'의 존재 또한 인정할 수 있다는 말이다. 나아가 이 '욕'은 묶음으로서의 감정 다발들을 추동하여 정서, 굳이 성리학적 개념을 빌리자면 '사단四端'이라는 것으로 발전할 수 있게 하는 역동적 매개가 되기도 한다.

종종 원초적 욕구, 이를테면 식욕이나 수면욕, 성욕에 대해 가장 하등의 욕망으로 치부하는 경향이 있다. 그러나 이들은 욕망 자체를 말한다기보다는 욕망에 대한 구체적 대상을 적시한 것에 다름이 아니다. 따라서 그것이 하등일 이유는 없다. 그럼에도 불구하고 이를 두고 고차원적으로 자아를 실현하는 데 있어 가장 방해가 되는 것들로 치부해버리는 현실은 '이성'과 '합리'라는 틀 안에 경도된 우리의 모습을 핍진하게 보여주는 비근한 사례일 수 있다.

그런 까닭에 고차원적 자아실현이라는 말에 욕망 혹은 욕구가 들어설 자리는 없는 것 같다. 본능적 욕구를 철저히 배제하고, '품위 있게' 행동하거나 말함으로써 비로소 인성이 완성된다고 여기는 이들이 많은 까닭이다. 그러나 본능적인 그러면서도 태생적인 욕구는 배제될 수 있는 성질의 것들이 아니다. 그것은 인간에게 있어서, 절제라면 몰라도, 결코 완벽하게 제거되어서도 안 되는 것들이다. 그것이 인간을 가장 '인간답게' 만들어주는 본성이기 때문이다.

여기에서 절제는 최소화의 다른 말이다. 욕망의 최소화는 이때 구현된다. 그러나 이러한 최소화가 '품위'나 '고결함'으로 포장된 고차원적 자아실현을 위한 추상적인 목적이어서는 안 된다. 사람마다 다양한 차원의 욕구를 구분할 수는 있다. 그거나 그것들 자체가 '등급'일 수는 없다. 다양한 차원의 개별적 욕구를 최대한 인정해주는 것, 그리고 그 변화 가능성 또한 충분히 인정하는 것이야말로 감성적인 것들로서의 욕망의 역할을 드러내게 하는 것이다. 사람마다 처하는 상황과 배경, 인식 능력의 차이가 욕망의 차이를 만들어내는 것일 뿐, 그 차이가 차별이어서는 안 된다는 것이다.

욕망은 그 자체로 역변성易變性을 갖는다. 역변성이란 말 그대로 바꾸고 변화되는 특성을 말한다. 그런 까닭에 그 대상이 되는 것들 또한 그러한 성질로부터 자유롭지 못하다. 왜냐하면 욕망을 불러일으키는 대상은 같을 지라도 그것을 대하는 사람, 혹은 시간, 공간의 차이가 이런 성질을 만들어내기 때문이다. 인간이 인간다워지기 위해 가장 먼저 해야 할 일은 바로 이런 점들을 충분히 인정해야 한다는 것이다.

이는 즉, '허욕虛慾'을 시작하는 일과 다름 아니다. 여기에서 '허욕'은 '헛된 욕심'이라는 의미를 넘어선다. 만약 이것이 감성기제라면 허욕의 지평은 더욱 넓혀져야 한다. 주체 스스로 자신의 욕망을 관조하는 것에서부터 허욕, 즉 욕망의 헛됨을 알아가고, 그로부터 그 욕망을 비워내는 일까지를 감성적 의미에서의 '허욕'이라고 할 수 있다.

물론 그 모든 욕망을 비워내는 일은 현실에서라면 더더구나 불가능하다. 그러나 적어도 그렇게 하려는 의지를 펼친다면, 완전히 비워버린 경지로서의 '허욕'이 아닌 그것을 최소화하려는 과정에서의 '허욕'은 가능하지 않을까 한다. 그런 과정에서 우리가 말하는 '오욕五慾'은 가장 인간다워지게 하는 욕망으로서의 위상을 찾을 수 있을 것이요, 그야말로 그것이 '오욕汚辱'으로 남지 않게 하는 길인 것이다.

만족과 불만

만족滿足은 모자람이 없이 충분하여 넉넉한 상태 혹은 흡족한 마음을 이르는 말이다. 그래서 만족감滿足感이라는 단어도 함께 사용한다. 만족은 대체로 자기완성을 위한 과정에서 이루어지는 달콤한 마음 상태다. 사람들은 그런 '달콤함'을 위해 자신이 추구하고자 하는 바, 욕망하는 바를 마음으로든 행위로든 쏟아내는 데 있어 주저함이 없다. 그래서 만족은 보통 긍정적 가치를 가진 것으로 여겨진다. 물론 이런 경우 대개 선의善意의 대상에 한한다.

그러나 감성적인 것들로서의 만족이 언제나 이런 긍정적 가치가 되는 것만은 아니다. 만족은 집착을 낳는 기제가 될 수도 있다. 만족에 대한 인식 지점, 즉 같은 대상에 대한 만족 정도가 사람마다 다르기 때문이다. 또한 같은 사람이라고 할지라도 대상에 따라 만족의 지점이 수시로 변동한다는 점도 만족에 대한 평가를 어렵게 하는 요인이 될 수 있다. 그런 까닭에 만족은 때로 부정적 가치로 변모한다. 이때 우리는 욕구 불만 혹은 욕구 불만족이라는 용어를 사용한다. 만족은 언제나 그 자체로 불만족을 함의한다는 말이다.

불만不滿이 부정적 가치를 드러내는 심태心態라는 점에 이견이 있을 수는 없다. 그래서 대개 불만은 만족스럽지 않다, 즉 마음에 차지 않은 정도를 의미하는 것에서 더 나아가 그것을 언짢게 생각하는 마음까지를 통틀어 이르는 말로 사용한다. 그런 가운데 불만은 만족보다 훨씬 더 직접적인 행위로 발전하는 경우가 많다. 굳이 어떤 사례를 들 필요도 없이, 이는 불만을 품는 마음이 만족을 품는 마음보다 훨씬 더 강한, 그런 까닭에 인간이 가진 보편적 속성이라고도 말해지기 때문이다.

'연자소姸者少 추자다醜者多 약일견若一見 필파쇄후이必破碎後已'라는 말이 있다. 고려 말 학자 이규보의 〈경설鏡說〉에 나오는 어구이다. 이 어구는 '고운 사람은 적고, 추한 사람은 많다. 그래서 추한 사람이 (거울을) 한 번 보게 되면 반드시 깨뜨려 버리고야 말 것이다.'라는 표면적 의미를 가지고 있다. 그러나 그 내면에 숨겨진 뜻은 '마음가짐'이다. 고운 자태를 지니고 있음에도 불구하고 스스로 그렇지 않다고 여겨 언짢게 생각하는 사람이 많다는 것이다. 이는 만족의 지점에 있음에도 불구하고 스스로 그렇지 않다고 여기는 경향이 훨씬 더 많음을 경계한 어구이다. 그래서 만족과 불만의 스펙트럼은 언제나 불만의 방향으로 짙어진다.

그러나 언짢게 생각하는 그 마음이 항상 부정적 가치를 표상한다고 볼 수는 없다. 때로 그것은 어떤 대상의 긍정적 가치 지향을 위한 매개가 될 수도 있기 때문이다. 예를 들어, 상품 불량에 대한 불만은 그것의 개선으로 나아가게 하는 근거가 된다는 사실을 부정할 수 없기 때문이다. 또한 나를 알아주지 않는, 혹은 못하는 타자他者에 대한 불만은 오히려 그로부터 인정을 획득하기 위한 보다 적극적인 행위를 이끌어 낼 수도 있기 때문이다.[9] 따라서 이 지점에서 불만은 감성적 기제로서의 긍정성을 획득할 수도 있다는 의미가 된다.

만족과 불만의 지점을 정확히 포착해내는 능력, 그것이 감성이다. 만족의 지점에서 더 나아가는 것은 욕망에 대한 집착이요, 그럼으로써 인간성은 상대적으로 피폐화된다. 또한 불만의 지점에서 머무르기만 하는 것은 상실감을 불러일으키는 주요한 이유가 된다. 그 또한 피폐해가는 인간성을 만드는 기제가

9 물론 이때의 불만 표출이 폭력적이거나 거친 언사 등과 같은 부정적 방향과 지금 말하는 긍정적 방향의 두 가지 측면으로 나올 수 있음을 충분히 인정하다.

되는 것이다. 결국 부정적이든 긍정적이든 그런 상황에서 발현하는 감성은 어떤 식으로든 우리의 심태를 규정하거나 형용하게 된다고 할 수 있다.

이러한 상황에서 만족과 불만이 모두 대개 부정적으로 인식되는 이유는 그것들 사이의 지점 확정에 대한 주체의 임의성에 기인한다. 이러한 임의성이 불만 쪽에 더 가깝다는 것은 앞서 말한 〈경설〉의 경계로 충분히 설명될 수 있는 부분이다. 따라서 그 지점들을 정확히 포착해내는 능력을 발휘하는 것도 중요하지만, 그 지점에서 어느 방향으로 스펙트럼을 형성할 것인가는 전적으로 주체가 발현하는 감성의 질質에 달려 있다는 사실도 주목해야 할 것이다.

그렇다면 감성적인 것들로서의 만족과 불만이 긍정적 감성 기제로 발현되기 위해 필요한, 혹은 배제할 요소들이 따로 존재하는 것일까? 만약 존재한다면 그것을 욕심慾心과 무욕無慾이라고 할 수 있지 않을까 한다. 일반적으로 욕심은 부정적 가치의 척도가 되거나, 반대로 무욕이 바람직한 가치관의 기준이 되는 경우가 많으나 항상 그러한 것은 아니다. 욕심은 때로 활기찬 삶의 에너지원이 되기도 한다. 만족의 지점[10]을 정확히 포

---

10 여기서 말하는 만족의 지점이란 개인적인 판단에 의해 설정되는 것이 아닌 사회구성원 전체의 이해 속에서 설정된 보편적 지점을 말한다.

착하고, 그것의 달성을 위해 부리는 욕심은 그야말로 긍정적이라고 볼 수 있다.

반면 무욕이라고 해서 언제나 긍정적 가치가 되는 것은 아니다. 무욕은 말 그대로 욕심이 없다 혹은 욕심을 배제하겠다는 의미일 텐데, 그런 경우는 특별한 목적을 가지고 사는 삶이 아니라면 불가능할 것이다. 정도의 차이가 있을 뿐, 어떤 이유로든 욕심을 가질 수밖에 없는 존재가 바로 인간이기 때문이다. 나아가 인간답게, 도덕적으로 살아보려는 욕심 자체도 없어야 한다는 것은 인간의 존재 자체를 부정하는 일에 다름 아니기 때문이다. 이를 감성적 차원에서 말한다면, 완벽한 무욕은 있을 수도 있을 필요도 없는 것이다.

결국 만족과 불만은 서로 대비되면서도 또한 서로를 함의하는 용어가 된다. 만족과 불만은 만족감과 상실감 혹은 결여감을 동시에 느끼게 하는 기제가 되는 것이다. 그러면서도 이것들은 공통적으로 무력감을 생성하는 기제가 되기도 한다. 만족은 만족대로, 불만은 불만대로 무력감을 낳을 수 있다는 것이다. 무력감이란 스스로 힘이 없음을 알았을 때 드는 허탈하고 맥 빠진 느낌을 말한다. 즉, 주체에게 있어 감성 추동의 계기가 사라진다는 것을 의미한다.

만족과 불만은 감성적인 것들의 응용에서 가장 주목되는 요소들 가운데 하나라고 할 수 있다. 디자인, 마케팅, 공학 등의 실용적인 학문에서라면 더욱 그러하다. 따라서 감성을 주목한다면, 단순한 감정이나 정서 같은 것들이 아니라 그것들에게 의미를 부여하거나 행위를 촉발하게 하는 본질적 기제, 즉 감성적인 것들에게 눈을 돌려야 하는 것이다. 무엇이 그들을 만족하게 하고, 불만족스럽게 하는가에 대한 감성적 성찰이 필요하다는 말이다.

예를 들어 한류韓流를 말한다면, 그 직접적인 원인이었던 드라마를 먼저 말하는 경향이 있지만, 그보다 더 중요한 것은 그 드라마가 가진 어떠한 면모가 그들을 열광하게 했나를 면밀하게 살펴야 한다는 것이다. 단순히 '한국 드라마였기에, 또는 한국의 전통을 보여주는 드라마였기에 그렇다'라는 설명만으로는 부족하다. 또한 그러한 설명만으로 한류를 지속시키는 일도 어렵다. 한류가 사라지고 있다는 말이 많은 지금, 그 원인을 단순히 '시간'과 '유행'으로만 돌리고 말 것인가. 만족과 불만 등과 같은 '감성적인 것들'에 대해 다시, 그리고 세심하게 주목해야 하리라.

호감과 비호감

혹시 감성 발현의 첫 심태로서 호감과 비호감을 들 수 있지 않을까? 그것은 '쾌-불쾌'의 도식과도 관련이 있는 듯하다. 김홍수는 "호감에 쾌감이 수반되고 쾌감이 호감을 낳는 경향이라든지, 두 의미가 자극대상의 존재나 주체와 대상 간의 방향성, 신체와의 관련에 따라 상보적으로 나타나는 것을 보면, 쾌감을 핵심의미로 하여 호감이 파생되었다는 다의어적 해석도 가능하다. 그리고 이러한 확장된 의미의 파생 과정은 기본정서가 복합정서로 세분화되는 정서분화의 일반적 양상과도 흡사하다."[11]고 말한다.

11 김홍수, 「'좋다' 구문의 통사와 의미」, 제20회 전국국어국문

호감을 감정의 한 양태로 보는 것은 생경하다. 좋은 감정이 호감이니 감정이라 해도 좋을 것인가. 호감은 감정이라기보다는 기분Mood이 아닐까? 이러한 기분은 감정과 감정들의 뒤섞임에 의해 형성된다. 물론 이때의 감정들은 상대방과의 관계에서 비롯되는 것들이 대부분이다. 호감의 역동성을 설명할 수 있게 하는 특성이라고 할 수 있다. 배행자·이인선[12]은 호감이 가진 속성에 대해 여섯 가지로 나누어 설명한 바 있다. 긍정적인 감정의 융합, 기쁨 또는 쾌감, 상호의존성, 태도 형성의 인지적 동기, 역동성, 깊이와 폭이 그것이다.

여기에서 긍정적인 감정의 융합은 어떤 대상에 대해 좋아지거나 끌리는 감정 융합의 상태라고 설명한다. 그리고 오감을 통해 기쁨 또는 쾌감이 비롯함으로써 호감이 시작된다고 하며, 이러한 호감은 두 사람 사이의 자발적 상호 의존성을 띤다고도 하였다. 그리고 호감은 개인의 인지에 영향을 주어 태도 형성을 시키는 동기적 요소로서의 속성을 갖는다고도 설명한다. 그러나 보다 중요한 부분은 호감이 갖는 역동성과 깊이 그리고 그 폭에 대한 속성이다. 이는 감성이 갖는 일반적 속성과도 일치한다고 보이기 때문이다.

학연구발표대회, 국어국문학회, 1987, 218쪽.

12 배행자·이인선, 「호감(Attraction)의 개념분석」, 『정신간호학회지』 제13권 제3호(정신간호학회, 2004), 326쪽.

호감이 갖는 역동성이란 다양한 영향 요인에 의해 그 상태가 지속적으로 유지 혹은 증진되거나 훼손 또는 악화될 수 있다는 점을 말한다. 게다가 대인 관계 속에서의 호감은 그저 좋아지는 상태에서 대상에게 완전히 매혹되는 수준까지의 다양한 깊이를 가지며, 두 사람 사이의 관계에서 다수 및 사회집단 전체에 이르기까지 다양한 폭을 가진다는 점을 특히 주목할 만하다. 이 글에서 말하는 감성적인 것들의 양태가 대부분 이러한 속성들을 가지고 있기 때문이다. 이러한 호감이 주목받는 이유는 대인관계라는 사회적 구조망 속에서 관계를 형성하거나 유지하는데 매우 중요한 역할을 담당하는 기제가 된다는 점일 것이다.

이런 상황들에 비추어 본다면 호감은 분명 타자他者를 전제할 수밖에 없다. 나는 이미 감성적인 것들 대부분이 언제나 타자를 전제한다고 말해 왔다. 설령 그것의 발현이 주체의 내부에서만 이루어지거나 혹은 그 과정에서 발현 작용을 멈춘다고 할지라도, 그것이 궁극적으로 타자를 전제한 작용임에는 틀림없는 사실이다. 이는 호감이 감성적인 것들로서의 역할에 충분히 기여할 수 있는 기제임을 역설한다. 왜냐하면 호감의 이러한 속성들이 오늘날 우리가 감성을 이야기하는 가장 큰 이유, 즉 감성의 사회적 역동성을 설명하고, 이해하며, 실천하고자 하는 것과 가장 정확히 맞닿은 부분이라고 볼 수 있기 때문이다.

호감은 또한 타고난 매력이나 능력에서 나오는 것이 아닌 후천적으로 습득하는 사회적 능력이라고도 말할 수 있다. 따라서 다양한 방식으로 학습이 가능하다는 점에서 주목되는 심태 중의 하나라고도 할 수 있다. 대표적인 예가 바로 화술이다. 대인관계에 있어 화술만큼 중요한 것도 없다. 관계 맺기의 성공은 거의 화술에 좌우된다고 할 수 있을 정도이다. 지금 이러한 화술은 얼마든지 학습이 가능하며, 어떤 필요에 따른 특별한 화술까지 습득할 수 있는 환경이 조성되어 있다. 호감이 갖는 이러한 특성이 바로 사회적 능력으로서의 감성과 연관성을 갖는다고 볼 수 있겠다.

Snyder(1974)는 상호작용적 행위 측면에서 호감을 증진시켜 나갈 수 있는 한 능력으로 '자기 감시self-monitoring'를 들고 있다. 그에 의하면 이러한 자기 감시는 '자신의 어떤 표현이나 자기 연출이 적절한지 아닌지를 보여주는 상황 단서들에 대한 민감성'으로써 사회적으로 적정한 상황적 단서들에 잘 맞추어 자아 관찰과 자아 통제를 수행하는 능력을 말한다. 또한 자기 감시 수준이 높은 사람은 그렇지 않은 사람보다 대화 주제에 더 많은 레퍼토리를 가지고 있고, 상대방에게 직접적이니 영향을 주기 위해 의도적으로 대화를 이용하며, 그 내용에 있어서도 더 감정적으로 친밀하고 묘사적인 자기 노출을 하고 있음이 밝혀지기도 하였다.[13]

희망과 절망

희망이란 앞일에 대해 어떤 기대를 가지고 바라는 행위, 혹은 앞으로 잘 될 수 있는 가능성을 뜻하는 말이다. 이때의 기대는 대개 확신에 차 있는 경우가 많으며, 의미 그대로 미래지향적 마음 행위라고 할 수 있다. 그러나 그 희망이 성취된 이후, 즉 어떤 기대가 충족된 이후에는 그 자체가 소멸되어 버리는 경향이 강하다. 또한 바라는 주체가 사라질 경우 희망 역시 소멸된다는 차원에서 다분히 개인적인 마음 행위라고 할 수

---

13 Snyder, M. (1974) Self-monitoring of expressive behavior. J Pers Soc Psychol, 30(4), 526-537. Hong, D. S. (1992). Psychology of interpersonal relationship ; Attraction·friendship·Love·Happyness. YangYeongkak, Seoul. 배행자·이인선, 위의 논문, 325쪽. 재인용.

있다.

그렇다고 할지라도 희망이 대체로 우리에게서 긍정적 감정을 이끌어낸다는 점만은 분명하다. 미래의 어떤 일을 기대하는 과정, 그리고 추구해 나가는 과정에서 생기는 감정은 주로 즐거움, 기쁨 등이기 때문이다. 또한 '이끌어낸다'는 행위적 측면에서 희망은 충분히 감성 혹은 감성적인 것들의 일부라고 할 수 있다. 바라는 행위 자체가 역동적이며, 그것에 대한 동기 부여 역시 주체의 역동적 마음 행위에 해당하기 때문이다.

'희망을 본다'는 것은 감성의 움직임이 더욱 긍정적이라는 의미가 될 수 있다. '본다'라는 행위에는 이미 그 이전에 어떤 기대에 대한 주체의 행위가 진행되어 왔음을 암시하기 때문이다. 즉, 희망은 '갖는' 것만으로 중요한 것이 아니라, 그것의 성취를 위해 끝까지 실천하는 노력의 과정이 중요하다는 것이다. 과정의 끝에 희망을 성취하면 더할 나위 없이 좋겠지만, 그렇지 않더라도 그 과정에서 이루어지는 자잘한 성취 역시 희망만이 줄 수 있는 감성 발현의 산물이다.

희망은 태생적으로 개인적인 것이지만, 그것의 대상이 공공의 것일 경우, 집단적 면모로도 발현할 수 있다. 그럴 경우 희망은 '열렬한 소원' 혹은 '소망'이 된다. 희망의 대상이 대체로 추상적이라고 한다면, 소원이나 소망의 대상은 대개 구체적일 가능성이 많다. 따라서 희망은 그 성취 노력의 과정 중에서도 소기의 성취를 획득할 수 있다는 점도 중요시 하지만, 소원이나 소망은 과정보다는 결과에 따른 성취를 더 중요시 하게 되는 것이다.

절망은 바랄 것이 더 이상 없게 되어 희망을 끊어버린 마음 상태라고 할 수 있다. 그래서 절망은 대체로 부정적 감정을 수반한다. 슬픔과 분노 등이 대표적이다. 그러나 주체에게서 절망이 삶을 온전히 지배하는 마음 상태일 수는 없다. 주체의 감성은 언제나 부정에서 긍정으로 흐르려는 본질적 속성에서 벗어나지 않기 때문이다.

따라서 또 다른 희망은 절망을 몰아내는 감성적 기제가 될 수 있다. 즉, 희망은 절망을 배제하는 또 다른 감성 작용이라고 할 수 있는 것이다. 흔히 말하는 '절망의 끝'을 보는 일이 그것이다. 그러나 그 끝은 저절로 오는 것이 아닌 주체의 마음 상태에 달려 있다. 거기에서 벗어나려는 주체의 욕구가 없이는 그 끝에 이른다는 결과가 있을 수 없기 때문이다.

그런 까닭에 절망은 언제나 희망과 함께 할 수밖에 없으며, 절망 또한 희망의 또 다른 마음 형태가 된다. 다시 말해 희망하는 자체가 과정이기에, 어느 한 과정에서 생기는 절망은 바로 그 지점부터 시작하는 또 다른 희망의 출발점이 될 수 있다는 의미이다. 결국 희망과 절망은 하나의 마음 테두리 안에서 연속적인 관계망을 형성하며 주체의 마음 상태를 지탱하게 하는 감성 기제가 될 수 있는 것이다.

이처럼 대상이 불러일으키는 감성적인 것들은 이차적으로 어떤 감정들을 이끌어내는 동인動因이 되기도 한다. 즉, 희망이 주로 기쁨을 수반하고, 절망이 주로 슬픔을 수반하는 경우와 같은 것이다. 이렇게 불려 나온 감정들이 상호간의 습합 관계에 따라 일정한 정서가 형성될 수도 있을 것이다. 물론 이러한 측면이 일반적인 감성 작동의 상황과는 반대의 모습일 수 있다는 점 또한 충분히 인정한다.

대개 일차적인 감정 상황에서 어떤 감성적인 것들의 작용으로 인하여 이차적인 감정 상황이라든지 아니면 어떤 감정들의 묶음, 즉 정서로 치환되는 것이 일반적인 감성 작용의 모습이라고 할 수 있다. 그러나 감성의 작용이 이처럼 고정되었다기보다는 그것을 불러일으키는 대상과 주체의 마음 상태에 따라 얼마든지 유동화 될 수 있다는 점도 주목해야 할 점이다. 그것이 감성 작용의 한 특수성이기 때문이다.

기억과 망각, 그리고 추억

기억記憶이란 과거의 경험을 인간의 정신 속에 간직하고 되살리는 기능을 말한다. 또한 기억하는 기능과 그 반대인 망각하는 기능은 보통 적응성이 있다고 말해진다. 기억의 적응성은 모방에 대한 학습이요, 나아가 학습의 축적을 통한 창조의 모태가 될 수 있다. 따라서 기억은 인간이 창조해 낸 그 모든 것들의 원천이요, 미래를 말할 수 있는 가장 확실한 매개라고도 할 수 있다. 만약 기억이 없다면 학습·사고·추론 등을 통한 경험의 축적과 문명의 창조가 불가능하기 때문이다.

이러한 기억은 심리학적 측면에서 보자면 크게 장기기억과 단기기억으로 나누어 볼 수 있다고 한다. 이 중 감성과 특히 더 많은 관련을 갖고 있는 것은 장기기억이다. 단기기억과 관련한 감성적인 것들은 대개 즉발적인 감정인 경우가 많으며, 그럴 경우 어떤 감정 상황에 대한 단기기억이 정서로 치환되는 과정에서는 지속성 차원에서 무리가 따른다고 보기 때문이다.

장기기억은 또한 일화기억과 의미기억으로 나눌 수 있다고 하는데, 여기에서 의미기억은 감성 발현의 매개체라고 볼 수 있다. 이미 경험했던 것, 즉 기억을 언어나 기타 표현 매개를 사용하여 체계화시켜 놓기 때문이다. 따라서 이런 행위 자체는 곧 학습 또는 학습의 축적이라고 볼 수 있다. 그러므로 기억은 학습이라는 형태로 경험의 축적을 가능하게 한다. 그리고 이러한 경험의 축적은 주체의 새로운 심태心態를 형성하게 할 수도 있다. 그런 점에서 감성적인 것들로서의 기억의 역할은 더욱 분명하다고 보인다.

또한 즉발적 감정 상황에서의 단기기억이 감성적 관점에서라면 어떠한 의미를 부여받을 수 있는가도 생각해 보아야 한다. 여기에서 말하는 단기기억은 감각기관을 통하여 들어온 정보를 약 30초 내외의 짧은 시간 동안 저장하는 그런 기억보다는 좀 더 포괄적인 개념이다. 예를 들어 건망증과 관련한 기억이라고 보면 된다.

집단적 단기기억이라는 개념의 사용이 허용된다면, 감성적 차원에서 우리는 '냄비 근성'이라는 용어 또한 설명할 수 있지 않을까 한다. '냄비 근성'이란 주지하다시피 냄비가 빨리 끓고

빨리 식듯 어떤 일이 있으면 급속도로 흥분하다가 시간이 지나면 금방 다 잊어버리는 현상을 비유한 말이다. 언뜻 보아도 단기기억의 부정적 측면을 부각시키는 용어임에는 틀림없어 보인다.

그러나 이러한 부정적 측면이 과연 기억의 문제에서 비롯하는 것인지의 여부에 대해서는 재고의 여지가 있다. 다시 말해서 그것의 보다 근본적인 문제는 덧씌우는 기억, 즉 의도된 대리감정의 주입이 아니겠느냐는 관점의 타당성을 물을 수 있다는 것이다. 즉, 냄비 근성으로 이야기되는 대부분의 사회적 현상이 일부 언론의 편협한 시각으로부터 비롯하였을 가능성을 인정해야 한다는 말이다.

그들은 특정 현상에 대한 국민적 관심을 말 그대로 특정 계층, 즉 서민들 특유의 고착적인, 그리고 가장 한국적인 현상이라고 비하해 버린다. 그러면서도 관심의 대상을 다른 곳으로 옮겨놓는 치밀함은 잊지 않는다. 그 치밀함이 바로 '덧씌우는 기억'이요, '대리감정 주입'인 것이다. 그들에게 단기기억 상실 요법은 '우매한 백성을 치유'하는 만병통치약과 다름이 아니다. 그러나 그 '우매한 백성'들도 반드시 '기억해야 하는 것'이 있다.

각기 민족에게는 그 민족 나름의 '기억'이라는 것이 있다.

그 기억은 과거의 전통적 자질 속에 기생하고 있다. 그런데 한국인들은 과거란 잘라서 버려야 하는 것으로 여기고 있으며, 또 한국적인 것을 좋아하는 사람은 시대에 뒤떨어졌거나 정치적 편견을 지닌 국수주의자로 몰리기 쉽다. 『탈무드』에 보면 '미래를 향해 앞으로 나가기 위해서는 보트를 젓듯이 뒤를 돌아보지 않으면 안 된다'는 구절이 있다. 편협한 폐쇄적 내셔널리즘의 차원에서가 아니라 펼쳐진 국제주의의 차원에서, 우리 한국이 국제무대에 공헌할 수 있는 것이 무엇인가를 찾아야 한다. 자원이라고는 돌과 물과 아름다운 풍경밖에 없는 우리 한국이 가진 가장 큰 자원은 한국의 '과거'요, 과거 속에 스민 '기억'들인 것이다.[14]

시대에 뒤처진 사람들이나 정치적 편견을 지닌 국수주의자들은 스스로 생겨나는 것이 아니라 오히려 만들어진다. 스스로 원해서 그렇게 된다기보다는 단기기억 상실 요법을 휘두르는 치자治者들에 의해 의도되고 만들어진다는 의미이다. 그렇다면 과연 우리는 우리의 기억을 온전히 말할 수 있겠는가 하는 의구심이 생긴다. 과거조차도 어떤 의도에 의해 왜곡되고 조작될 수 있다는 사실을 인정하지 않을 수 없기 때문이다.

14 이규태, 같은 책 2, 169~170쪽.

위의 인용문에서처럼 '과거와 그 속에 스민 기억'의 자원화를 위해 우리에게 필요한 것은 단기기억상실이 아니라 오히려 '망각忘却'일 수 있다. 망각은 시간이 갈수록 희미해지는 기억의 특성으로 인해 구현되는 특수한 기억 배제 기능이다. 따라서 경험의 축적이 새로운 심태心態를 형성할 수 있게 하는 것은 필요하지 않은 경험을 망각을 통해 배제할 수 있기 때문이다.

또한 망각은 주체가 불필요한 경험에서 오는 고통스러움에서 벗어날 수 있도록 하는 긍정적 효과를 가지고 있기도 하다. 과거 속에 남아있는 고통스러운 경험은 의식적이든 무의식적이든 망각의 순기능에 의해 충분히 제거될 수 있다는 것이다. 따라서 망각은 그 자체로 긍정적 감성 발현의 중요한 요소가 된다고 할 수 있다.

그러나 '지우고 싶은 기억', 그리하여 의도적으로 망각된 기억은 결코 망각되었다고 볼 수 없다. 단지 상기하고 싶지 않을 뿐, 그래서 숨겨진 상태로 존재하는 기억이 된다. 그러다가 어느 순간 갑작스럽게 떠올리게 되는 기억은 그 자체로 고통이 된다. 따라서 망각이 모든 고통을 제거해 주지는 못한다고 볼 수 있다.

이러한 망각의 부정적 기능을 보완할 수 있는 장치 중의 하나가 바로 추억이라고 할 수 있다. 사전적으로 기억과 추억은 같은 의미로 사용된다. 추억 역시 망각과는 대척점에서 감수성의 질을 확보하는 중요한 매개가 될 수 있다. '지우고 싶지 않은 기억들'이라도 자연스럽게 서서히 잊혀가는 기억들, 즉 희미해져 가는 기억들이 어떤 계기를 통해 반추되는 경우가 있다. 이것이 곧 추억이며, 지우고 싶지 않은 기억들을 다시금 기억하게 함으로써 주체의 긍정적 심태心態를 유지할 수 있게 해주는 것이다.

따라서 추억은 기억의 긍정적 가치로서 감성의 발현 강도와도 관련 있다고 보인다. 지우고 싶지 않은 기억들은 물론 긍정적 기억들이 대부분일 것이다. 때로는 학습이나 교훈적 차원에서 지우고 싶지 않은 부정적 기억들도 존재한다. 그러나 그것이 추억이 될 수는 없다. 또한 그것은 기억이라기보다는 이성적 인식의 한 형태라고 보아야 할 것이다.

추억이 많다는 것은 긍정적 감성 발현의 여지가 많다는 의미일 수도 있다. 긍정적 경험의 축적이 주체의 정서적 안정에 기여할 수 있는 여지가 충분하기 때문이다. 추억은 또한 미래지향적 가치가 될 수 있다. 추억 자체가 과거이기는 하지만, 그것은 기억하고 싶은 과거이고, 그러한 과거는 미래의 삶에 일정한 경험적 토대로 작용될 수 있기 때문이다. 따라서 추억은 과거와 현재, 미래에 구애받지 않고, 삶의 긍정 가치를 추구하는 과정에서 필요한 독특한 감성 기제라고도 할 수 있을 것이다.

감성과 의리

의리義理란 사람으로서 그리고 사람과의 관계에 있어서 마땅히 지켜야 할 도리라고 한다. 어찌 보면 예의와 거의 같은 개념이다. 그런데 이 의리의 개념이 우리 식으로는 조금 독특한 일면이 있다. 매우 의존적인 관계망, 그리고 정을 앞세운 관계망에서 형성되는 경우가 많기 때문이다. 그런 까닭에 한국적 의리의 개념은 앞서 말한 '우리' 개념과도 밀접한 관련을 갖고 있다고 하겠다.

이규태[15]는 "한국인에게 있어 의리는 책임이나 의식, 열정, 느낌, 의무에 앞서 주민들과 같이 살다가 위기를 앞두고 떠난

15 이규태, 같은 책 2, 246쪽.

다는 것은 그들과의 인간 관계상 있을 수 없다는 정적인 인륜 관계, 곧 의존적 인간관계의 유지 때문에 되돌아서는 그런 의리"라고 말한다. "미국인의 의리는 본심으로 되돌아가야겠다는 독립적 판단에서 우러나지만 한국인의 의리는 본심으로는 그러하지 않지만 돌아가지 않을 수 없다는 강요된 판단에서 우러나는 차이"를 설명한 바도 있다.

의리의 개념에 대한 이런 차이는 생활 습속에서 비롯된 문화의 차이에서 생겨난다. 전통 사회에서 '우리'라는 관계망은 이런 의리를 규제하는 외부 조건이었다. 다시 말해 타자가 없는 의리는 존재할 수도 존재하지도 않는 것이다. 따라서 이때의 의리는 다분히 정情적이다. 그런 까닭에 의리는 믿음을 포괄한다.

그래서 오륜五倫을 그 전체가 의리라고 보는 까닭도 여기에 있다. 부자유친父子有親, 군신유의君臣有義 등의 전제가 믿음이라고 보기 때문이다. 정의正義가 의리와 약간의 개념 차이를 보이는 이유 역시 정에 의한 믿음의 유무에서 비롯하는 것이다. 정의가 다분히 개인적인 심리 상태라면 의리는 타자가 전제된 심리 상태라는 점도 그 뚜렷한 차이점 중의 하나라고 볼 수 있다.

그런 점에서 본다면 한국적 의리에 배려를 포함할 수 있다. 의례적이고 기계적인 배려는 타자에 대한 친절을 가장하고 있지만, 정적이면서도 믿음이 전제된 배려는 타자와의 관계 그 자체가 될 수도 있다. 이것이 한국적 의리가 '우리'의 관계망 속에서 형성될 수밖에 없었던 이유일 것이다. 배려는 우리의 관계망이 가진 함의를 가장 잘 표현할 수 있는 행위이기 때문이다.

한국적 의리는 나로부터 먼 지점에서 가까운 지점으로 시선과 행위를 이끌어온다는 특징이 있다. 내 가족과 이웃이 있다고 하자. 이 둘은 어느 경우에도 '우리'라는 말로 포괄된다. 따라서 우리 안에서 행해지는 모든 행위는 결국 나와 우리의 행위가 되며, 그런 관계일수록 더욱 정적임에는 틀림이 없다.

예를 들어 떡을 돌려야 할 일이 생겼다. 그래서 떡을 나누고 접시에 담아 먼저 이웃으로 보낸다. 이때 접시에 담긴 떡은 가족 혹은 내가 나중에 먹어야 할 떡보다 훨씬 더 크고 예쁜 것이 보통이다. 이웃의 경우도 마찬가지이다. 이처럼 '우리' 관계는 서로 간에 그러하리라는 믿음을 전제로 배려의 균형을 추구한다.

이때 혹여 어떤 이유로 배려의 균형이 무너졌다고 하더라도 그것이 일회성일 것이라는 또 다른 배려마저 생겨난다. 믿음이 전제되지 않고서는 불가능한 일이다. 이것이 바로 한국적 의리의 실체가 아닐까. 결국 한국적 의리는 '우리'를 지탱하게 하고, 우리의 삶을 더욱 윤택하게 해주는 감성의 기제로서 손색이 없다고 할 수 있다.

정의와 양심

어린 나이에 성폭행을 당한 A라는 여성이 있었다. 세월이 흘러 어느덧 30대에 접어든 그녀였지만, 그때의 기억은 아직도 그녀에게 고통이었다. 그런 와중에 알게 된 몇몇 여성들. 묘하게도 그녀들 역시 같은 고통을 가지고 있었다. 또한 법이 자신들을 보호해주지 못했다는, 나아가 법이 자신들을 대신해 가해자를 심판해주지 못했다는 상황 인식도 같았다.

어느 날 A의 가해자가 아직도 거리를 활보하며 똑같은 짓을 하고 다닌다는 사실을 알았을 때, 그녀들이 받은 충격은 감당할 수 있을 정도가 아니었다. 그녀들은 복수를 계획했고, 그 복수는 A의 고통에 대한 대리 응징이라고 여겼다. 또한 간접적으로는 그녀들 역시 위안받을 수 있는 유일한 길이라고 생각했다. 그리고는 그 가해자를 살해함으로써 복수에 성공했다고 생각했다. 그러나 법과 사회가 해결해 주지 못했던 일을 스스로 해결했다고 생각했던 여성들에게 오히려 법의 심판이 내려졌다.

그렇다면 이 상황에서 어떤 것이 정의라고 말할 수 있겠는가. 정의는 개인적 가치인가 아니면 공공의 가치인가. 하지만 문제는 그것이 개인의 양심에 따라 다른 판단을 내릴 수 있고, 어느 순간 그것들의 가치 충돌 혹은 상황 모순이 생길 수 있다는 점에 있다.

> 의는 말 그대로 도덕적으로 행해야 할 바를 의미할 뿐만 더 나아가서는 어떤 상황에서 마땅히 취해야 할 바를 가리킨다. 의의 개념은 대단히 중요한 도덕적인 힘의 원천이 되는 것이다."[16]

윗글에서 말하는 것처럼 '도덕적으로 행해야 할 바와 행해서는 안 되는 바'의 충돌, '마땅히 취해야 하나 또한 취할 수 없는' 상황의 모순이 양심에 의해 판단되는 정의가 안고 있는 본질적 문제이다. 가해자를 처벌하는 것은 마땅히 취해야 할 바이며

16 최준식, 같은 책, 137~138쪽.

도덕적으로도 행해져야 하는 바이다. 그러나 그것이 주체의 양심에 의해 판단되는 것이 아닌 공공의 가치에 의해 판단되어야 하는 상황에서 주체의 양심은 무력화된다. 오히려 그 양심이 무력화되도록 스스로 제어해야 하는 것이 현실이다.

만약 정의가 한마디로 의義의 준수라고 한다면, 의의 발현을 위한 양심의 역할을 진지하게 고민해보아야 할 것이다. 우리는 공공연히 무력화되는 양심을 목도하는 일이 그리 어렵지 않은 현실에 직면해 있다. 아니, 내성耐性이라는 표현이 더 적합할지도 모르겠다. 양심에 따른 어떤 결정조차도 내리기 힘든 지경에 살고 있다는 것이다.

> 의로운 행위를 할 때, 우선 사람들은 해서는 안 될 일을 결정해야 한다. 사람들은 해서는 안 되는 종류의 일에 대해서는 부끄러움을 느껴야 한다. 그것이 바로 부끄러움의 감정이 의義의 단초인 이유이다. 오직 그럴 때에만 사람들은 행하기에 적절한 일이 무엇인지 하는 긍정적인 의미를 계발하여 발전시킬 수 있다. 이제 명확한 질서와 순서라는 개념이 여기서 타당성을 갖게 된다. 만약 사람들이 갈등이나 자원 한계로 인하여 하고 싶은 혹은 해야만 하는 것을 한꺼번에 할 수 없다면, 물고기보다는 곰 발바닥을 취하겠다는 맹자의 말에서 분명해지듯이, 자신이 무엇을 해야 할 것인지가 분명해짐에 틀림없다. 누구나 본성적으로 삶을 좋아하고 죽음을 싫어한다. 그러나 어

쩔 수 없이 인仁을 보전하기 위해서 당연히 자신의 목숨을 희생시켜야 한다.

따라서 어떤 사람이 부끄러움의 감정을 가지고 있지 않다면, 그는 동물과 특별히 다르지 않을 것이다. 사람은 부끄러움의 감정을 가지고 있을 때에만 도덕적 완성을 위해 나아갈 수 있다. 부끄러운 감정을 갖는다는 것은, 또한 자신의 행위를 다른 사람의 성취와 비교함으로써 자기 자신을 개선시키기 위한 하나의 자극이 되는 것이다.[17]

위 글에서는 의로운 행위를 하고자 할 때 먼저 해서는 안 될 일을 결정해야 한다고 하는데, 그것의 결정 기준은 무엇일까. 그것을 양심이라고 말할 수는 없을까. 해서는 안 되는 일에 부끄러움을 느낀다면 그것 또한 양심에 거리끼는 바가 있어 부끄러움을 느끼는 것과 다를 바 없다. 따라서 양심을 닦는 것은 마땅히 해야 할 일에 대한 부끄러움의 감정을 지우는 것이며, 그런 행위가 바로 주체의 도덕적 완성으로 가는 첩경이 되는 것이다.

『중용』에서는 의를 옳다는 의미에서 의宜라고 했다. 이것은

17 이광세, 『동양과 서양 두 지평선의 융합』(도서출판 길, 1998), 205~206쪽.

곧바로 우리가 지금도 많이 사용하고 있는 시의時宜라는 용어로 직결된다. 시의란 때에 맞는 것, 올바른 것, 마땅한 것을 말하는 것으로 시중時中이라고도 표현된다. 의를 지켜야 한다는 규범은 이미 정해져 있지만 이 규범을 어떤 상황에서든 천편일률적으로 적용시켜서는 안 된다. '그 상황의 가운데[시중時中]'에 맞게 적용해야 하는 것이다.[18]

A의 친구들이 행한 일이 정의였는지 아니었는지는 개인의 양심에 따라 판단될 수 있는 문제이기도 하다. '마땅히 해야 할 바'에 대한 개인적 판단이 다를 수 있기 때문이다. 그러나 윗글을 참조하여 그 상황을 적용해 본다면, 그에 대한 판단의 기준점 하나를 추가할 수 있다. '시의時宜'가 바로 그것이다.

물론 A의 친구들은 양심에 거리낄 것이 없을 만큼 마땅히 해야 할 일라고 여겨 복수를 감행했을 것이다. 그럼에도 불구하고 그런 행위가 논란이 되는 것은 그것이 그 상황에서 가장 적절한 행위 방식이었는지를 따져보아야 하기 때문이다. 결국 양심은 그 자체로 정의로움일 수는 있지만, 정의로운 행위로까지 확대하기 위해서는 반드시 거쳐야 할 과정이 있음을 염두에 두어야 한다. 이러한 과정이 주체의 감성 발현 과정과 다름없

18 최준식, 같은 책, 138쪽.

음은 물론이다.

이러한 양심과 시의에 의해 발현된 정의는 꺾이는 법이 없어야 한다. 우리가 새삼 감성을 이야기하는 이유는 그것이 가진 삶의 어떤 추상적인 동경憧憬을 불러일으키는 힘 때문만이 아니다. 감성을 추동하게 하려는 주체의 의지가 인간으로서의 가장 긍정적 삶 그 자체의 동경에 있음을 알고 있기 때문이다. 본디 긍정성을 지향하는 감성은 쉽게 꺾일 수 있는 성격의 것이 아니다. 가끔 꺾이는 듯 보이는 감성적 현상들은 실은 꺾이어 멈춘 것이 아니라 멀리 돌아 나가는 과정에서 잠시 보이지 않는 것일 뿐이다. 따라서 감성의 긍정적, 도덕적 발현체로서의 정의 역시 꺾이는 법이 없어야 하는 것이다.

'절의염퇴節義廉退 전패비휴顚沛匪虧'라는 문구가 있다. 『천자문千字文』에 나오는 구절이다. 염퇴廉退는 염결겸퇴廉潔謙退의 줄임말로서, 청렴하고 겸양함을 의미한다. 전패顚沛는 걸려 넘어지거나 자빠지는 것을 말하고, 비휴匪虧는 말 그대로 훼손하지 말라는 뜻이다. 다시 말해서 이 구절은 사람의 절조와 정정당당한 행위, 청렴과 겸양의 훌륭한 덕행은 거꾸러질 때, 즉 좌절하게 될 때라도 훼손해서는 안 된다는 의미를 가지고 있다.

또한 『맹자』에 '수오지심羞惡之心, 의지단야義之端也'라는 구절이 있다. 악한 것에 부끄러워하는 마음, 그것이 의를 바로 잡는 시작이라는 의미이다. 개인의 인격을 무시당하거나 집단의 공공성을 훼손당하면 부끄러운 마음에 의분義憤이 생겨날 수 있다. 그러한 의분을 기반으로 그 상황에 대항하는 행위가 바로 절의節義가 되는 것이다. 그래서 '절의염퇴節義廉退 전패비휴顚沛匪虧'는 사람이라면 의義를 행함에 있어 용기가 있어야 한다는 말에 다름 아닐 것이다.

그렇다고 보면 절의는 결국 정의와 양심에 의해 발현되는 용기 있는 행위라고 할 수 있다. 역으로 이 과정에서 양심은 절의를 행하기 위한 마음 상태, 즉 감성 추동 인자라고도 볼 수 있을 것이다. 양심을 일종의 의식 상태로 파악할 수도 있다. 이럴 때 양심은 단지 좋은 마음만을 의미하는 것이 아니라 좋은 마음을 갖게 하는 것과 그렇지 않은 것을 구별하는 기준이 되기도 한다.

사전적 의미에서 양심은 사물의 가치를 변별하고 자기의 행위에 대하여 옳고 그름과 선과 악의 판단을 내리는 도덕적 의식이라고 한다. 즉, 한 개인이 자기 자신의 행위·의도·성격의 도덕적 의미를 올바르고, 착해야 한다는 의무감과 관련지어 파악하는 도덕의식이라는 것이다. 그러나 무엇이 착하고 착하지 않은지, 왜 착해야 하는 지에 대한 근거를 제시할 수 없다면 주체의 양심에 부담을 주는 양상을 보여서는 안 될 것이다. 이는 주체의 자발적 감성 추동에 부정적 영향을 미친다고 생각하기 때문이다.

역사적으로 볼 때 거의 모든 문화는 양심의 존재를 인정했다고 한다. 예를 들어 고대 이집트인들은 양심의 명령을 어기는 행동을 해서는 안 된다고 역설했는데, 왜냐하면 사람은 '양심의 인도에서 벗어나면 반드시 두려움을 느끼게 되기 때문'이라고 한다. 또한 힌두교 신자들은 양심을 '우리 내부에 살고 있는 보이지 않는 신'으로 생각했다고도 한다.

종교적 맥락 이외에도 철학자·사회과학자·심리학자들은 개인적 측면과 보편적 측면에서 양심을 이해하려 했다고 한다. 이들은 옳고 그름에 대한 지각을 결정하는 타고난 직관력이 바로 양심이라고도 하였고, 미래 행위를 유발하는 과거의 경험으로부터 누적된 주관적 추론으로서 양심을 바라보기도 하였다. 흔히 말하는 직관주의와 경험주의가 그것이다.[19]

양심에 대한 인식이 이처럼 다양한 것은 그것이 가진 인간 본성으로서의 인자를 어떤 식으로든 인정할 수밖에 없었기 때문일 것이다. 또한 삶에 끼치는 영향의 측면에서 양심이 가진 긍정성을 부인하지 못하기 때문이기도 하다. 이러한 맥락에서 우리에게는 양심을 감성 발현의 중요한 기제로 자리매김 시키고, 우리의 삶 속에서 적극적으로 추동해야 할 일종의 의무가 있다.

---

19 『브리태니커』 전자사전 참조.

열정과 냉정 사이

열정熱情은 물론 정情에서 비롯한다. 쉽게 말해 유독 뜨거운 정이 바로 열정이다. 마치 온천물에서 뜨거운 물이 쏟아지듯 그런 정이 열정인 것이다. 그런데 열정은 왜, 유독 우리 민족에게서만 드러나는 어떤 민족적 특질이 된 것일까? 물론 개인의 열정만 놓고 보자면 그럴 리가 없겠지만, 그것이 집단적 열정으로 표현될 때라면 그럴 가능성도 충분해 보인다.

이제 개인의 열정이 가지는 긍정적 측면을 살펴보자. 이때의 열정은 용기의 근원이다. 미지의 분야에 과감히 뛰어들게 하는 동인, 실패와 좌절의 순간이 오더라도 이를 극복할 수 있게 하는 활력, 갈등과 모순의 상황에서 발휘되는 투지 등은 주체의 용기를 좌우하는 요인들이다. 용기는 무에서 유를 창조하게 하는, 혹은 화를 복으로 만드는 심적 기제인 것이다.

집단의 열정은 어떤가. 긍정적 발현이라면 그것은 사회와 문화 변혁의 엄청난 추동을 암시한다. 그러나 부정적 발현이라면 그것은 대중의 광기狂氣와도 관련될 수 있다. 이때의 집단적 열정은 극단적인 전체주의 혹은 배제주의의 한 원인으로 작용하게 된다. 20세기 정치·사회의 최대 화두 중 하나였던 파시즘Fascism이 그 사례가 될 수 있다.

파시즘의 한 원인으로서 집단적 열정 혹은 광기를 설명할 때 다소 도움이 될 수 있는 방식은 그 사상에 대한 신비주의적 요소를 파악하는 일이다. 파시즘은 국가나 민족 자체를 아예 신성한 것으로 받들게 한다. 따라서 그러한 체제 아래에서의 모든 국가적인 것들은 남김없이 신성한 요소가 된다. 군복, 군복을 입은 군대 역시 그러한 요소의 최전선에 서 있었다.

이러한 신비주의적인 것들은 태생적으로 집단의 열정을 광기로 어렵지 않게 치환시킬 개연성을 가지고 있다. 이것들은 모두 '나로서는 어쩔 수 없는' 또는 '내가 어찌할 수 없는' 것들에 대한 무조건적인 찬양과 경배의 대상이 되기 때문이다. 이 지점이 바로 감성의 억제 혹은 조작의 지점이라고 볼 수 있다. 신비주의적인 것들을 전면에 내세움으로써 마음속에 형성되는 주체의 본성 혹은 자유의지를 억압하려는 의도가 엿보이기 때문이다.

이처럼 억제되고 조작된 감성은 부정적 측면으로의 발현 방향으로 임의 조종되며, 그 과정에서 어떤 임계점에 이르게 되면 광기로 폭발해 버릴 수 있는 시한폭탄이 된다. 따라서 집단적 열정은, 그것을 추동하게 하는 감성 발현의 기제가 긍정적인 가치에서 비롯되는 것이 아니라면, 언제든 어디에서든 누구에게서든지 조종되고 변질되어 폭발할 수 있는 위험이 도사리고 있는 것이다.

그 위험을 제거하는 일은 집단적 열정이 온전히 집단적 감성으로 조절될 수 있도록 유도해 내는 것뿐이다. 다시 말해서 집단적 감성을 조작하는 근원을 찾아 제거해 가는 일 외에는 마땅한 대안이 없는 것이다. 이런 점에서 앞장에서 서술한 바, '제도화'의 방식을 고려할 만하다고 본다. 근본적으로 '조작'은 그 대상과 목적이 분명해야만 비로소 성립될 수 있기에, 그 반대의 지점 또한 비교적 명확하게 포착해 낼 수 있기 때문이다.

여하튼 열정의 전제는 대상에 대한 충만한 믿음과 열렬한 애정이라고 할 수 있다. 이러한 '대상'과 '애정'은 열정과 냉정 사이에서의 필요충분조건이다. 대상이 없는 애정은 공허한 것이요, 공허한 애정은 오히려 그릇된 욕망을 갖게 하는 단초가 될 수 있다. 또한 애정이 없는 대상은 믿음의 부족을 낳을 것이며, 믿음의 부족은 소통 단절의 근원으로 작용하게 되는 것이다.

그릇된 욕망에서 빚어진 열정의 지나침은 냉정冷情으로 되돌릴 수 있다. 냉정이 어떤 이성적 사고를 불러일으키게 하는 요소가 될 수도 있겠지만, 오히려 이런 점이 지나친 열정의 제어가 필요할 때 역으로 그 힘을 발휘할 수 있게 되는 것이다. 냉정 역시 상황에 따라 감성 발현의 긍정적 기제로 작용할 수 있다는 의미이다.

냉정이라는 사전적 의미 자체가 생각이나 행동이 감정에 좌우되지 않고 침착한 상태를 말한다. 하지만 감정과 관련이 없는 정情이란 존재할 수 없다. 그런 점에서 냉정은 그 개념 자체에서 모순이 발생한다. 이 모순은, 그러나 냉정이 오히려 '냉정하게 되는 것'을 방지하는 역할을 담당한다.

특히 열정이든 냉정이든 그것을 발현하게 하는 감성적 상황에서라면 더욱 그렇다. 이런 상황에서의 냉정이란 '따뜻함이 식어버린 단순한 심태心態'가 아닌 '지나친 따뜻함을 식게 하는 어떤 심태心態'를 의미한다고 볼 수 있다. 즉, 열정이 지나친 시기에 어느 순간 중도를 되찾게 하는 역학을 냉정이 담당할 수도 있다는 말이다. 따라서 냉정이 긍정적 감성 가치라고 단언할 수는 없지만, 그것의 긍정적 발현 가치를 무시할 수도 없는 일인 것이다.

교감과 반감

서로 접촉하여 따라 움직이는 느낌을 보통 교감交感이라고 이른다. '자연과 교감하다' 또는 '대화를 통해 교감하였다' 등과 같은 경우에 쓰이는 말이다. 교감은 어떤 신비주의적 요소도 함께 가지고 있다. 영靈적인 소통을 말하는 가운데에서도 이 말이 소용된다. 따라서 교감은 고도의 정신적 행위 능력이라고도 볼 수 있다.

그러므로 교감을 단순히 동일 감정의 상호 확인에 불과한 것이라고 여겨서는 곤란하다. 그것이 가지는 감성의 형성적 측면, 나아가 사회적 영향력에 관련한 측면에서 교감은 매우 특별한 기제가 될 수 있기 때문이다. 교감은 사람과 사람 사이에서 발현되는 능력일 뿐만 아니라 자연과 사람 사이에서도 얼마든지 발현될 수 있는 능력이라는 점을 고려한다면, 감성 기제로서의 교감의 역할은 더욱 심오해진다.

교감은 마치 여닫이문과 같다. 여닫이문란 밀거나 당겨서 열게 되는 문을 말한다. 이 여닫이문은 밖에 있는 사람의 입장에서 안쪽으로 밀어 열리는 안여닫이문과 바깥쪽으로 당겨 열리는 외여닫이문으로 나뉜다. 안에 있는 사람의 입장에서라면 반대가 될 것이다. 결국 어떻게든 같은 문이라고 볼 수 있어 여닫이문이 되었겠는데, 이렇게 주고받는 모양이 마치 교감의 양상처럼 보인다는 것이다.

이 여닫이문은 특히 사람과 사람 사이의 교감을 비유하기에 적절한 듯하다. 문을 열고 닫는 행위가 마치 마음을 열고 닫는 것과 흡사한 느낌이다. 게다가 문 혹은 문짝 자체는 여는 사람의 위치에 따라 '주는 행위 혹은 방향'이 될 수도 있고 '받는 행위 혹은 방향'이 될 수도 있다. 교감이라는 말 자체가 일방적이라는 의미를 배제하고 상호 간의 흐름을 전제로 하는 개념으로서, 그 흐르는 방향과 여닫이문의 유사점을 찾아볼 수 있는 것이다.

미닫이문 역시 같은 차원에서 교감을 설명하는 도구가 될 수 있다. 미닫이문은 여닫이문과는 달리 옆으로 밀어서 여닫는 문이다. 이때 필요한 것이 문짝을 맞아주는 집과 같은 장치이다. 문을 옆으로 밀었을 때 공간이 열릴 수 있도록 벽 사이에 설치하여 밀린 부분의 문짝을 받아들이는 것이다. 여닫이문과의 차이가 있다면 어느 위치에 있건 서로의 영역을 침범하지 않고 소통할 수 있게 한다는 점이다. 자연과 사람 사이의 교감에서 가장 필요한 조건이 아닐까 하고 연상할 수 있는 부분이다.

교감은 상대성을 가진다. 실체를 인식하든 그렇지 않든 간에 주고받음을 전제하며, 이 주고받음은 멈추지 않는 지속성, 즉 흐름을 유지해야 한다는 조건이 따른다. 만약 무언가를 간절히 염원하던 차에 어떤 영적인 것으로부터 내려받은 것이 있다면 그것은 교감이 아니라 계시啓示라고 보아야 한다. 상대성은 인정되지만 주고받음에 대한 흐름이 보이지 않기 때문이다.

교감이 감성적인 것일 수 있는 까닭은 이처럼 '흐름'에 있다고 본다. 그것도 끊이지 않는 영속적 흐름이다. 감성적인 것들의 흐름이 멈춘다면 인간의 본성이 멈춘다는 말과 다름 아닐 것이다. 결국 교감은 나로부터 시작일 수 있다. 좀 더 정확하게 표현하자면, 그것은 내 안에 존재하는 감성적인 것들끼리의 교감이다. 그러한 교감이 타자他者로 확대되어 가는 과정 속에서 그들과의 소통이 비로소 시작되기 때문이다.

반감反感은 교감의 시도 혹은 교감의 과정에서 발생한다. 아예 교감이 시작되지도 않았던 대상에의 반감이라면, 그것은 조작된 감성으로부터 기인한 것일 수도 있다. 반감의 내·외부적 요인이 모두 어떤 경험에서 비롯되었을 수 있다는 말이다. 예를 들어 사랑하는 이와의 교감은 황홀한 경험이라고 할 수 있을 것이다. 그러나 그 과정에서 우연히 발생한 어떤 반감은 그 황홀한 경험조차 잊게 할 정도로 표독해진다. 사랑이 증오로 표변했다고 보기 때문이다. 따라서 이러한 표독함은 다른 교감의 상대를 찾기 전까지는 철저하게 주체의 감성 발현을 방해하는 요소로 작용한다.

사랑 혹은 증오에 대한 일종의 이러한 조작된 감성은 이런 반감의 표독함을 반복적으로 경험하면서 생긴 무의식적 학습효과라고 볼 수 있다. 그래서 이런 경험을 반복할수록 마음은 점점 닫힌 상태로 굳어지고, 표독함의 정도는 더욱 거세지게 된다. 이런 것들로 인해 그나마 열린 마음은 더욱 위축되어 가고, 그럴수록 교감의 상대는 그만큼 멀어지게 되는 것이다.

반감의 표독함은 주체가 그것의 존재를 인정했을 때 그로부터 벗어날 수 있는 여지를 스스로 제공한다. 반감에 대한 반감이 추동하게끔 만들어주는 것이다. 그러나 이는, 실은 주체가 반감의 존재를 인정했을 때 생기는 열린 마음의 작용이다. 이 열린 마음이 약해져 가는 반감과 끊임없이 교감을 시도하며 그 영역을 점점 넓혀가는 작용인 것이다. 이러한 작용을 우리는 감성의 발현이라고 부를 수도 있다. 이들 모두 감성적인 것들 사이의 상호작용이라고 보기 때문이다.

편견과 배려

편견偏見이란 어떤 사물이나 현상에 대해 사실상의 근거가 없이 지니고 있는 관점 혹은 견해를 말한다. 따라서 이런 경우 공정하지 못하고 한쪽으로 치우친 생각만을 고집하는 경우가 많다. 이러한 편견은 비뚤어진 마음에서 생긴다기보다 현재적 입장에서는 오히려 '만들어진다'고 보인다.

편견은 대개 어린 시절에 주체가 속한 집단으로부터 주입되는 경우가 많다고 한다. 이런 경우 편견은 쉽게 고착된다. 판단력을 담보할 경험이 매우 부족한 시기이기 때문이다. 게다가 이 시기 주체의 사회적 개방성 또한 완전한 상태가 아니기 때문에 이러한 편견에서 벗어날 기회가 쉽게 주어지지도 않는다.

그런 까닭에 어린 시절 편견이 일단 고착되면, 이후 성장 과정에서 습득하게 되는 올바른 정보들이라고 할지라도 오히려 고착된 편견을 기준으로 한 정보만을 받아들이게 되는 것이다. 이런 정보의 편식은 편견의 고착을 더욱 심화시킬 뿐이다. 따라서 이런 편견의 미로에서 헤어나올 수 있는 길은 오로지 주체의 투쟁뿐이다.

이 지점에서 필요한 것이 바로 배려다. 주체가 편견을 벗어나기 위해 마음을 열고 본격적인 투쟁을 전개할 때, 우리가 해야 할 일은 바로 그 투쟁에 대한 열린 배려인 것이다. 의도적이고 보여주는 식의 기계적인 배려는 오히려 주체의 편견을 부추기면서 더욱 큰 차별로 나아가게 한다. 이때 우리는 그 차별을 스스로 인식하지 못한다. 기계적 배려란 다름 아닌 우리 안의 감성 조작을 대변하는 말이기 때문이다.

따라서 편견을 제거할 열린 배려는 물의 심성을 닮아야 한다. 물은 그침이 없다. 또한 그 모양이 변하지도 않으니, 그것 자체로 항구성恒久性의 상징이다. 그러므로 배려에 모양이 있다는 것 자체가 역설逆說이요, 인위人爲이다. 단발성 배려 또한 작위作爲이다. 이런 배려는 오히려 편견을 부추기는 단초가 될 수 있는 것이다.

물은 언제나 위에서 아래로 흐른다. 높은 데서 낮은 데로 흐른다. 수조 안의 물은 외적 환경에 따라 흔들리면서 상황에 따라, 혹은 모양에 따라 다른 모습을 보이기는 하지만, 마지막은 같은 모습이 된다. 배려하고 배려하는 모습에서 결국은 편견이 배제된 열린 소통을 이루는 것이다. 감성 발현의 궁극적 모습이라 하지 않을 수 없다.

장애障碍라는 용어 자체도 편견이다. 장애란 약간 불편한 상황일 뿐이다. 아니 그것조차도 편견일는지 모른다. 그렇다면 하나가 없지만 다른 하나가 특별한 상태라고 보는 것은 어떤가. 하나가 없지만 다른 하나가 특별한 이들은 결국 그것으로 필요한 균형을 맞춘다. 궁극적으로 보자면 그들에게는 없는 그 하나는 있지만 다른 하나가 특별하지 못한 우리들과 같은 균형이다.

따라서 그 상태에 특별한 이름을 부여할 필요는 없다고 본다. 부여하는 이름 자체가 편견일 수 있기 때문이다. 그렇다고 하더라도 존재하는 상황에 이름을 부여하지 않을 수는 없을 것이다. 어떻게든 존재의 인정 차원에서라도 이름은 부여되어야 한다는 뜻이겠다. 그런 의미에서 '배우자培偶者'는 어떤가.

'배우자培偶者'는 '배우자配偶者'와 동음이의어이다. 이 '배우자培偶者'는 서로가 짝을 지워 서로를 북돋는다는 뜻이다. 나와 상대와의 동등성을 인정하고 서로의 삶에 균형을 맞추어 함께 살아간다는 넓은 의미로 보면, 일면 함께 살아가는 '배우자配偶者'와도 뜻이 통한다고 볼 수 있다. 일종의 '사회적 배우자'라고 볼 수 있겠다.

결국 편견을 버리게 하기 위한 배려는 다름을 인정하는 열린 마음, 상대의 진정성을 받아들이는 개방적 태도에서 비롯하는 실천적 행위라고 할 수 있을 것이다. 이런 점을 인식할 때 비로소 기계적 배려가 아닌 진실한 배려가 생겨날 것이고, 그런 배려를 만들어야 하는 것이 우리가 말하고자 하는 감성의 의무일 것이다.

배신 그리고 선의

배신背信은 말 그대로 믿음에 등을 돌리는 행위를 말한다. 믿음 역시 상대적이다. 그 믿음의 대상에 '나' 역시 포함됨은 물론이다. 따라서 대상이 없으면 믿음도 없다. 믿음은 또한 '사이'를 매개로 한다. '사이'가 사라지면 믿음도 사라지게 되는 것이다. 여기에서 사이는 곧 '관계'다. 따라서 사이의 간극을 더욱더 좁혀가는, 그래서 간극이 사라지면 사이 역시 존재할 수 없다. 이런 양상은 합일合一이 아니라 오히려 그 하나마저도 나누어 버리는 분일分一 혹은 분리分離가 된다.

분명히 잘 되어 가려니 하고 믿고 있던 일에서나, 그런 사람으로부터 뜻밖에 어떠한 낭패를 당할 경우, '믿는 도끼에 발

> 등 찍힌다'고 한다. 또는 '믿는 나무에 곰이 핀다'고 이르기도 한다. 반드시 어떻게 되리라고 여기는 마음을 흔히 믿음으로 정의한다. 믿음의 의미적 특성은 인간을 중심으로 하는 '인간관계'를 필요충분조건으로 삼는다. 믿음은 흔히 약속으로 이어진다. (중략) '우리'란 말이 보여 주듯이 참으로 운명공동체로서의 우리 겨레 사이에는 보이지 않는 중요한 믿음이 전제되고 있다. '사람이 그럴 수 있느냐'고 하거니와 우리 인간 사이에 기본적인 믿음이 허물어졌을 때 쓰는 말이다.[20]

이 글에서 믿음은 '인간관계'를 조건으로 삼는다고 하였다. 일반적 의미에서의 믿음의 개념이 사회적으로 확대된 양상이다. 그러나 믿음은 '나'를 토대로 하지 않고서는 성립되지 않는 개념일 것이다. '사이'에 필요한 믿음은 본질적으로 '나'에 대한 믿음의 토대 위에서 발생하는 것이기 때문이다. 나만의 감성적인 것들이 내 안에서 교감하는 과정을 먼저 인정하고 그 결과를 받아들이는 것이 '나'를 대상으로 한 내 믿음의 실체이다. 이러한 믿음을 토대로, 또한 내 안의 '사이'에 대한 신뢰 경험을 바탕으로 좀 더 큰 '사이'로의 믿음을 이행해야 하는 것이다.

'우리' 역시 '사이'를 필요로 한다. '우리'라는 말은 이미 서로

20 정호완, 같은 책, 44~45쪽.

에 대한 기본적인 믿음을 바탕으로 사용된다. 따라서 '우리 사이'가 되는 것은 이러한 믿음의 기본적인 전제 조건이 충족되었을 때라야 가능해진다. 그리고 그것은 오랫동안 어느 정도를 넘지 않는 선에서는 약간의 오해들도 포용할 수 있었다. 그러나 이러한 기본적인 믿음이 깨졌을 때, 더 이상 오해로 가장할 수 없을 때, 우리는 가장 먼저 배신背信이라는 용어를 사용하게 된다. 그리고 시간이 흐를수록 허용될 수 있는 오해의 범위 역시 점점 줄어들고 있다는 점도 사실이다.

그런 점에서, 즉 허용될 수 있는 오해의 범위를 혼돈에 빠트린다는 점에서 온정주의溫情主義를 비판하는 주장도 점차 거세지고 있다. 온정주의의 순기능을 모르는 바 아니겠지만, 허용될 수 있는 온정의 범위를 넘어선다는 것이다. 그러나 허용될 수 있는 온정의 범위 역시 주관적이다. 있는 자와 없는 자의 차이는 그들의 온정의 차이 또한 필연적으로 배태할 수밖에 없다. 그런데 그 차이를 어떻게 규정할 수 있겠는가.

> 정이 지나치면 한국인에게만 보이는 아주 고유한 정서가 나타나는데, 그것은 다름 아닌 떼쓰기와 응석부리기이다. 정이 많다는 것은 그만큼 서로에게 암묵적으로 바라는 것이 많다고 볼 수 있다. 그 바라는 것이 충족되지 않을 때 한국인들은 곧 서운한 감정이나 섭섭함을 느끼게 되는데, 이러한 것 역

시 우리에게서만 발견되는 독특한 감정이다.[21]

이 글에서 말한 대로 정이 많다고 해서 정말 그만큼 서로에게 바라는 것이 많다고 볼 수 있을까에 대해서는 의문이다. 물론 그럴 수도 있겠지만, 그보다는 그 이면을 먼저 주시해야 한다. 즉, '정이 많다'라는 현상보다는 '정의 흐름'을 먼저 주시해 보아야 한다는 말이다. 일방적으로 바라는 것 자체가 흠이 될 수는 없다. 그것을 위한 어떤 대가 혹은 행위가 먼저 전제되었을 경우, 그것이 서로에게 비정상적으로 흘렀을 경우 비로소 흠이라고 말할 수 있기 때문이다.

따라서 정이 많다고 해서 섭섭함이나 아쉬움을 그만큼 많이 느끼며, 그것이 우리에게서만 발견되는 독특한 감정이라고 규정하는 것은 조금 지나친 면이 없지 않다. 일반적으로 우리는 정을 베풀 때 그것에 대한 어떤 반대급부를 먼저 생각하지는 않는다. 또한 그런 상황이라면 자신이 베푸는 것을 정이라고 여기지도 않는다. 혹시 무언가를 바란다면 그것은 자신의 행위에 대한 '인정認定' 정도가 되지 않을까 한다.

정, 특히 온정의 베풂이 이런 정도의 지향일 때 우리는 온정주의라는 용어를 긍정적으로 사용할 수 있다고 본다. 본디 온

---

21 최준식, 같은 책, 219쪽.

정주의는 선의善意이다. 온정주의가 비판받는 것은 그와 관련 없는 어떤 행위를 온정주의로 포장하려는 시도가 받아들여졌기 때문이다. 나아가 그런 행위를 받아들일 수밖에 없는 주체들의 감성을 합리주의라는 이름을 내세워 의도적으로 비하하거나 조작한 까닭이다.

그리하여 이러한 왜곡된 온정주의를 극복해야 한다면 그 방법 중의 하나로 다시 '배신背信'을 말하고 싶다. 배신은 말 그대로 부정의 가치를 의미하지만, 여기서는 선의로서의 배신의 역할을 의미한다. 예를 들어 내부 고발은 어떤가. 어떤 의미에서 그것은 조직에 대한 배신이요, 또 그렇게 치부되어 왔던 상황이 작금의 현실이었다. 그러나 지금 그것이 선의였음은 어느 누구도 부정하지 못한다. 선의로서의 배신은 이런 경우를 말함이다.

예의와 염치

예의禮儀란 존경하는 마음을 나타내기 위해 예를 통하여 나타내는 말투나 몸가짐이라는 뜻이다. 특히 사회생활과 사람과의 관계에서 공손하며 삼가는 말과 몸가짐이라고 하겠다. 예절과 의리로 나누어 보는 경우도 있다. 또한 염치란 체면을 차릴 줄 알며 부끄러움을 아는 마음이다. 즉, 남에게 신세를 지거나 폐를 끼치거나 할 때 부끄럽고 미안한 마음을 가지는 상태를 말한다. 그럼에도 불구하고 대의大義를 위하여 무언가 하지 않을 수 없을 때, 우리는 '모몰염치冒沒廉恥'라는 용어를 사용한다. '염치없음을 무릅쓰고'서라도 무언가 행하려는 의지의 발로인 셈이다.

그런데 이 모몰염치가 오히려 우리를 병들게 하고 있다. 대의는 간 데 없이 사라지고, 사리私利와 사욕私慾만이 이 시대에 추구해야 할 최고의 가치인 양 대접받는 사회가 된 것이다. 유전무죄요 무전유죄라는 조어를 사용하는 것에 대해 그야말로 아무런 양심의 가책을 느끼지 못하는 것처럼 보이는 사회인 것이다. 예의와 염치가 '사치'가 되어버렸다.

'예의염치禮義廉恥'는 본래 『관자』에 나오는 사유四維[22]의 핵심이다. 사유란 쉽게 말하자면 네 가지의 벼리 정도로 해석할 수 있다. 벼리는 예전에는 근본이라는 말과 다름 아니었다. 즉, 네 가지의 근본이 사유라는 것인데, 중요한 것은 '무엇을 위한' 네 가지의 근본이냐는 것이다. 물론 그 '무엇'이 딱히 어떤 것이라고 정해지지는 않았지만, 대개 옛 시절에는 왕조, 지금은 국가를 지칭하는 것이 일반적이었다. 그렇다면 우리는 이 사유를 어떻게 보아야 할까? 『관자』에서는 이 네 가지의 벼리에 대해 각각의 해설을 곁들인다. 그 첫째가 예禮이고, 둘째가 의義이며, 그리고 셋째가 염廉이고, 넷째가 치恥이다.

먼저 예禮는 불유절不踰節이라 하였다. 이는 정해진 절도를 넘지 않는 것이라는 의미이다. 어느 사회에나 그 사회의 구성원이라면 마땅히 지켜야 할 최소한의 도리가 있다. 그 마땅히

22 何謂四維 一曰禮 二曰義 三曰廉 四曰恥 禮不踰節 義不自進 廉不蔽惡 恥不從枉.

지켜야 할 도리가 바로 절도라고 할 수 있다. 대부분의 사람들은 '알게 모르게' 절도를 지키며 살아간다. 우리 사회에 '법 없이도 살 수 있는 사람'이 유독 많은 까닭도 바로 이에서 비롯한다. 그러나 문제는 알면서도 그것을 지키지 않는 이른바 '○○층'이라 불리는 소수의 사람들에게 있다. 그들의 특징은 하나같이 자신들의 삶이 정도正道를 지켜왔다고 믿는다는 점이다. 그들에게 있어 예는 여전히 그들의 시선 밖에서나 존재한다.

의義는 부자진不自進이라고 하였으니, 이는 말 그대로 해석하면 스스로 나아가지 않는 것이라고 하겠다. 스스로 나아가지 않는다고 함은 공명이나 부귀를 얻기 위해 차마 하지 못할 일들을 마구 나서서 하지 않는다는 의미이다. 따라서 그것을 어기면 그 자체로 불의가 된다. 즉, 이 불의를 행하지 않는 것이 바로 의라고 본 것이다. 불의를 행하지 않는 가장 대표적인 방법으로 우리는 법규나 준법정신 준수를 꼽는다. 그러나 그보다 더 자연스러운 의는 이런 것들의 존재조차 기억되지 않을 만큼 마음이 열린 상태라고 할 수 있지 않을까 한다. 그런 열린 마음들이 모여야 부자진不自進으로서의 진정한 의의 가치가 인정받을 수 있기 때문이다.

결국 예의는 개인보다는 사회와 더 관련이 있는 항목임을 알 수 있다. 물론 개인의 의를 말하지 않는다기보다는 개인의 의가 사회적 공의와 더욱 밀접한 연관을 맺을 수 있어야 한다는 것이며, 그런 환경이 조성되어야 한다는 의미이다. 인간이 영장이라는 칭호를 갖는 것은 예의를 지켜야 할 상황에 대한 학습과 그 경험이 축적되어 향후 그에 대한 무조건적인 반사 행동을 표출할 수 있다는 점을 인정하기 때문이다. 그러나 불행히도 이러한 예의는 현재 박제된 허상일 뿐이다. 규격을 요구하며 스스로 규격화된 현대 사회에서 예의는 딱 그 자리에 고정되어 있는 것이다.

이제 염廉을 보자. 염은 불폐악不蔽惡이라 하였으니, 이는 자신의 악을 감추지 않는 것이라고 설명할 수 있겠다. 그러나 이런 비관적 설명보다는 자신의 잘못이나 실수 등을 감추지 않는 것이라고 보는 것이 보다 낙천적인 해설이라고 본다. 단순한 개인의 잘못이나 실수가 거대악이 될 가능성은 낮으며, 그것들이 또한 어떤 악의 덩어리로 진화할 가능성 또한 낮다고 여겨지기 때문이다. 잘못이나 실수를 인정하고 바로 잡는 것이 곧 염의 의미라고 할 수 있겠다.

마지막으로 치恥는 불종왕不從枉이라고 하였다. 굽히는 것을 좇지 않는다는 의미이다. 이의 의미를 좀더 확대해 보면 결국 자신의 이익만을 추구하지 않는 일과도 상통할 것이다. 이러한 행위는 자신을 돌아보는 감정에서 생겨난다. 우리는 때로 무언가 불확정적인 것을 떠올리면서 자신도 모르게 얼굴이 붉어진다거나 계면쩍어할 때를 종종 경험한다. 이 순간이 바로 '치'가 발현되는 순간이라고 볼 수 있다. 이런 감정은 대개 그 불확정적인 것에 대한 원인이 자신에게 있음을 자각할 때 일어난다. 일종의 성찰에 다름 아닌 것이다.

대다수의 사람들은 이런 염치를 차리는 것에 주저하지 않는다. 평범한 이들의 사소한 행위들인 만큼 크게 드러나 보이지도 않지만, 오히려 그런 순간 자신을 다잡는 기회로 삼는다. 그럼에도 우리는 종종 파렴치破廉恥를 목격한다. 파렴치란 염치를 깨뜨리는 일이니, 곧 부끄러움을 부끄러움으로 알지 못하는 뻔뻔스러운 행위를 가리키는 뜻이 되겠다. 관자管子의 목민편牧民篇에 나오는 말인데, 다음과 같은 내용이 있다.

> 무엇을 일러 네 가지 강령이라 하는가? 첫째는 예禮, 둘째는 의義, 셋째는 염廉, 넷째는 치恥다. 예란 절도를 넘지 아니함이요, 의란 스스로 나아가지 아니함이며, 염이란 잘못을 은폐하지 아니함, 그리고 치란 그릇된 것을 따르지 아니함이다. 그러므로 절도를 지키면 윗사람의 자리가 평안하고, 스스로 나아가지 아니하면 백성들 사이에 교활함과 속임이 없어지고, 잘못을 은폐하지 아니하면 행실이 저절로 온전해지며, 그릇된 것을 따르지 아니하면 사악한 일이 일어나지 아니한다.[23]

---

23 何謂四維 一曰禮 二曰義 三曰廉 四曰恥 禮不踰節 義不自進 廉不蔽惡 恥不從枉 故不踰節 則上位安 不自進 則民無巧詐 不蔽惡 則行自全 不從

관중管仲은 이 글을 통해 나라를 경영하는 사람들이 반드시 유념해야 할 덕목을 열거하였다. 이후 중국은 물론, 우리나라의 역대 모든 목민관들이 이 글을 금과옥조로 받아들이며 국가를 바르게 경영하는 지표로 삼아왔다. 후대에 오면서 여기에다 효제충신孝悌忠信이라는 네 가지 덕목을 추가하여 팔덕八德이라고 하였다. 그래서 선조들은 청렴을 목민관의 최고 덕목으로 삼았던 것이다. 따라서 청렴은 그 옛날 사대부들이 그러하였듯이 지도층이라면 특히 지켜야 할 덕목이라고 할 수 있다. 그것은 결코 특별한 일이 될 수 없다, 아니 되어서는 안 된다. 일상의 보통, 일상의 다반사가 되어야 할 행위인 것이다. 그래야 사회가 올곧아지는 것이기 때문이다.

枉 則邪事不生.

체면과 불고체면

체면體面이란 남을 대하기에 떳떳한 도리나 얼굴을 말한다. 우리는 유독 체면을 중요시하는 경향을 가지고 있다. 무엇을 하더라도 거기에는 당연히 떳떳함이 있어야 한다는 그 언어적 의미는 나쁠 게 없다. 그러나 '체면치레'라는 말에서 보듯이 현대에 와서 이 용어는 다소 부정적으로 사용되고 있는 실정이다.

체면에 대한 이러한 부정적 인식은 허례와 허식에서 빚어진 포장의 욕구 때문이라고 할 수 있다. 이런 포장의 욕구는 스스로 자신의 마음을 닫게 만들어 버린다. 나아가 열린 마음들과의 교유를 포기하는 결과를 낳기도 한다. 그럼에도 불구하고 좀처럼 '체면치레'를 떨구어 내지 못한다. 왜냐하면 그것은, 프

랜시스 후쿠야마Francis Fukuyama의 용어를 빌리자면, '인정의 욕구'와 관련한 문제이기 때문이다.[24]

브라운Brown과 레빈슨Levinson에 따르면 체면은 우선 가치 있고 승낙의 여지가 충분하게 보이는 개인의 욕구를 대표하는 긍정적 체면positive face이 존재하며, 다음으로 타자에 의해 방해받지 않고 자율적으로 이루어지는 개인의 욕망을 대표하는 부정적 체면negative face으로 나누어진다는 것이다.

여기에서 우리가 말하는 체면치레는 부정적 체면에 더 가깝다. 타자에 의해 방해받지 않고 자율적으로 이루어지는 욕구는 오히려 타자를 의식하는 데서 비롯된다고 보기 때문이다. 그런 이유로 '치레'가 이들에게는 그들의 욕구를 방어해 줄 적합한 치료 기제가 되는 것이다.

그러나 문제는 이러한 '치레'가 마음 상태와는 거의 무관하다는 점이다. '치레'가 어떤 일의 실상을 그 이상으로 꾸며 내보이는 행위를 말한다면, 그것이 과연 본인의 마음을 드러내 보이는 일이 될 수 있겠는가의 문제라는 것이다. 이는 단지 상처받은 욕망을 덮어줄 과대 포장에 다름 아니다. 따라서 치레를

24 이 용어는 그가 1995년 출간한 『트러스트』라는 책에 등장한다. 물론 그가 여기에서 말한 인정의 대상 혹은 영역은 경제나 사회를 지칭한다. 그러나 이 글에는 그 대상을 지탱하는 축이 바로 인간 자신들임을 간과하지 않는다는 차원에서 차용한 용어임을 밝힌다.

행하는 주체는 어떤 식으로든 타자와의 감성 교유에 제한받을 수밖에 없는 것이다.

체면이 어떤 식으로든지 지켜져야 함은 당연하다. 물론 긍정적 체면이라면 더욱 그렇다. 그러나 이를 위협하는 사회적 요소들은 개인의 체면뿐만이 아니라 그들이 가진 자긍심까지도 손상시킨다. 그들의 언어나 행위에 대한 불허, 반대, 방해 등이 그것이다. 또한 그들 스스로도 사과와 고백이라는 위협 요소에 시달린다. 그런 까닭에 그들이 '치레'를 선택하는 것일 수도 있다.

이런 상황 속에서 그들은 개인 자신의 체면과 다른 이들의 체면과의 지속적인 상호작용의 균형을 추구하며, 그 과정에서 정중함은 잠재적 위협을 감소시키는 역할을 수행한다.[25] 즉, 나와 타자에 대한 공손함이 이런 위협들로부터 벗어나게 해주는 매개가 되며, 그것이 행위로 치환될 경우 '배려'가 될 수 있는 것이다. 즉, 공손함이나 겸손함은 결국 배려와 동일한 감성적 기제임을 짐작할 수 있다.

따라서 이런 경우 우리는 '불고체면不顧體面'을 생각해 볼 수 있다. 불고체면은 말 그대로 체면을 돌아보지 않는 행위를 말

25 체면의 대체적인 개념에 대해서는 John I. Saeed 지음, 이상철 역, 『최신 의미론』(한국문화사, 2004), 309쪽 참조.

한다. 그런 이유로 이 용어는 일면 뻔뻔함을 연상하게 하는 부정적 의미로 사용하는 경우가 많다. 그러나 포장된 체면이라면, 그리고 그것이 '치레'가 분명하다면 그것은 마땅히 불고체면해야 할 일이다. 끊임없이 위협을 가해오는 요소들은 대개 자신의 마음에서 비롯한다. 그리고 그 요소들로부터 벗어나는 일은 마음을 아예 닫거나, 아니면 앞서 말한 '치레'였다. 이것들 자체가 바로 감성의 오작동이다. 불고체면은, 그래서 감성의 오작동에서 벗어나는 한 방식이 될 수도 있는 것이다.

불치하문

감성에 대한 학습이 가능하다는 차원에서 그 방식 중의 하나로 '불치하문不恥下問'은 어떤가 한다. 불치하문이란 아랫사람에게 묻는 데 부끄러움이 없어야 한다는 뜻으로, 『논어論語』의 〈공야장公冶長〉 편에 나오는 문구이다. 자신보다 나이가 어리다고 해서 혹은 사회적 지위가 아래라고 해서 묻고 가르침을 받는 데 부끄러워해서는 안 된다고 확대 해석할 수도 있다.

옛날 위나라에 공어孔圉라고 하는 대부가 있었는데, 그가 죽은 뒤 시호를 문文이라 하였다. 그런 까닭에 사람들은 그를 공문자孔文子라고 불렀는데, 이를 두고 공자의 제자인 자공子貢이 왜 그의 시호를 문文이라 하였는지 공자에게 물은 일이 있었다. 자공이 이런 질문을 한 것은 그가 문文이라는 시호에 어울리지 않는 사람이라고 여겼기 때문이다. 이때 공자가 대답하기를 "민첩하고 부지런하며 아랫사람에게 묻는 것을 부끄럽게 여기지 않았기 때문에 시호가 문이다."[26]고 하였다는 데 이 용어의 유래가 있다.

이러한 '불치하문'의 자세는 이 시대, 그리고 지식에만 국한되어서는 안 된다. 우리는 지금 소위 '아는 것이 힘'인 세상에서 살고 있기는 하지만, 그 힘만으로 세상을 절로 살아가게 되는 것은 아니다. 그보다 중요한 것은 '아는 마음'이다. 내 마음을 알고, 또한 상대의 마음을 알아주려는 태도가 바로 '아는 마음', 그리고 '알려는 마음가짐'인 것이다. 따라서 불치하문은 '자문自問'에서부터 시작해야 한다.

불치하문은 또한 겸손과 다름이 없다. 그래서 '아는 마음'과 더불어 '알려는 마음가짐 혹은 태도' 역시 불치하문의 요건이다. 겸손은 알려고 하는 그 태도의 직접적 표현이다. 아랫사람에게 묻기를 부끄러워하지 않는다는 것은 늘 겸손한 자세를 잊지 않는다는 것과 일맥상통한다. 또한 부끄러워하지 않는다는 것은 그 답에 귀를 기울일 준비가 되어 있다는 뜻이기도 하다.

따라서 불치하문의 자세란 늘 겸손한 자세를 유지한다는 것에 다름 아니다. 즉, 타자의 마음에 대해 자신의 마음을 열고,

---

26 敏而好學 不恥下問 是以爲之文(『論語』, 〈公冶長〉).

또한 그의 말에 귀를 기울이면서, 모르는 것에 대해서는 부끄러워하지 않고 묻는 것 자체를 즐기는 자세라고 할 수 있다. 스스로의 마음을 열어 먼저 자문하고, 타인의 마음을 받아들이려는 겸허한 자세로 듣고 묻는 일련의 과정이 바로 불치하문인 것이다.

불치하문은, 그러므로 배려다. 타자에게 겸손하고 공손한 태도는 그의 마음을 열게 하는 첩경이다. 타자의 열린 마음은 그 자체로 우리에게 보상이 될 수 있다. 이러한 겸손과 공손의 태도를 가능하게 하는 것이 바로 자신의 열린 마음이며 그로부터 비롯하는 행위인 것이다. 그런 행위가 곧 배려가 된다. 따라서 배려는 마음에 대한 마음 행위로부터 시작된다고 볼 수 있다.

다음 날 동틀 무렵의 청소부를 생각하면 오늘 저녁 쓰레기를 함부로 버릴 수 있을까. 쓰레기를 버리려는 무심한 행위에 대해 그 이후를 생각한다는 것 자체가 다소 억지스러울 수는 있지만, 그 억지스러운 생각 자체를 배제하기 때문에 배려가 사라지는 것이다. 또한 그것을 가장 일반적인 현상이라고 보기 때문에 감성의 작동이 멈추는 것이다. 그것이 바로 닫힌 마음이다.

닫힌 마음을 열게 하기 위한 첫 번째 행위는 앞서 말한 '자문'이다. 끊임없이 스스로에게 묻는 마음, 그리고 그것을 부끄러워하지 않는 마음으로부터 배려는 시작된다. 또한 자문에 익숙해졌다고 함은 겸손에 더욱 가까워지는 것이요, 그 겸손은 타자의 마음을 열게 하는 매개가 될 수 있다. 그럼으로써 감성의 교류는 활력을 되찾게 되는 것이며, 이것이 바로 우리가 오히려 불치하문 그 자체에 대해 다시금 '묻고, 배우며, 행해야' 하는 감성적 이유인 것이다.

극기 혹은 극기복례

안연이 인仁을 질문하자 공자께서 말씀하셨다. "자기의 욕심을 이기고 예로 돌아가는 것이 인을 행하는 것이다. 하루라도 자기의 욕심을 이기고 예로 돌아가면 천하가 인으로 돌아갈 것이니, 인을 실천하는 것은 내가 하는 것이지 남이 하는 것이겠는가? 안연이 "청컨대 그 조목을 질문하고자 합니다." 하니 공자께서 말씀하셨다. "예가 아니면 보지 말며, 예가 아니면 듣지 말며, 예가 아니면 말하지 말며, 예가 아니면 행하지 마라."[27]

이 글에서 극기克己는 자기 자신을 이긴다는 뜻보다는 자신

---

27 問仁 子曰 克己復禮爲仁 一日克己復禮 天下歸仁焉 爲仁 由己而由人乎哉 顔淵曰 請問其目 子曰 非禮勿視 非禮勿聽 非禮勿言 非禮勿動(『論語』, 〈顔淵〉).

의 욕심 혹은 욕망을 극복한다는 뜻으로 보는 것이 일반적이다. 따라서 참된 인의 실현은 욕망의 배제에서 비롯한다고 볼 수 있다. 그렇다면 욕망이 배제되지 않은 상황에서 인의 실현은 있을 수 없는 일이 되는 것일까. 이 물음에 대한 답은 감성의 작용을 이해하는 일에서 찾을 수 있을 것 같다.

욕망을 완벽하게 배제한 경우도 쉽게 보기 어렵거니와 그런 상태에서의 참된 인의 실현을 보는 것도 쉬운 일은 아니다. 그런 까닭에 '극기'는 궁극의 어떤 경지를 말함이 아니라, 그 경지를 찾아가는 과정 자체를 의미한다고 보는 것이 타당하다. '삶' 자체가 어떤 과정이고 보면, 그 과정과 늘 함께 해야 하는 마음 자세라고 보는 것이다. 따라서 극기는 마음의 태도이어야 하며, 나아가 감성 작용의 한 현상이어야 한다.

그러나 현실에서 보이는 극기 행위의 모습은 이와는 매우 동떨어져 있는 듯하다. 흔히 '극기 훈련'이라고 일컫는 몇 가지 사회적 현상들이 대표적인 사례들이다. 일전에 모 대학교에서 '특전사 캠프'를 마련하고 극기 훈련을 홍보한 바 있다. 그때 나온 말 중에 하나가 '완전한 복종total submission'이었다. 극기 훈련을 통해 완전한 복종심을 기르게 한다는 의미일 것이다.

이에 대해 권인숙 명지대 교육학습개발원 교수가 "우리나라에선 '극기'를 강압적인 위계질서 아래에서 견디고 순응하는 것으로 이해하다 보니, 극기 훈련이라고 하면 흔히 군대식 훈련을 떠 올린다."며 "조직생활 적응을 돕기는 하겠지만, 결국 합리성이나 평등한 관계 형성에는 도움이 안 될 것"[28]이라고 말한 적도 있다.

우리나라에서는 언제부터인가 '극기'라는 용어의 개념에 있어서 '기己'의 의미가 배제되어 사용되고 있는 듯하다. 단순히 육체적 고통을 이기는 고된 과정을 통해 어떤 성취감을 느끼게 함으로써 상위 계층에 대한 긍정적 복종을 가져오게 하는 도구로써만 사용되고 있는 것이다. 그 과정에서 '자기'는 철저하게 배제된다. 곧 '누군가의 나' 혹은 '어떤 조직에서의 나'의 역할과 위치만 강조될 뿐이다. 그러하니 '복례復禮' 역시 '누군가'에게 또는 '어떤 조직'에게 귀착될 수밖에 없다.

'기己'는 '물物'로서의 자기만을 의미하는 것이 아니다. 거기에는 반드시 '심心'이 내재되어 있음을 주지해야 한다. 또한 이러한 '심心'의 작용으로 '물物'로서의 자기가 형성되고 비로소 온전한 삶이 영위된다는 점을 알아야 한다. 따라서 '극기'는 육체적 훈련만을 통해서 이루어질 수 있는 어떤 경지나 행위가 될 수 없다. 여기에는 반드시 마음 훈련이 전제되어야 한다.

'극기克己'의 시작은, 그래서 마음으로부터 시작하여 몸으로 나아가야 하는 것이며, 마침내 사회적 행위로 귀결되어야 한다.

---

28 〈한겨레신문〉, 09.08.12.

'용지약사容止若思하고 언사안정言辭安定하라'는 천자문의 경구는 이때 필요한 것이다. '용지容止'는 『춘추좌씨전』에 나오는 '용지가관容止可觀 작사가법作事可法'에서 나온 개념으로, 몸가짐에 있어 보기 좋게 하고, 일을 함에 있어 법도에 맞게 한다는 의미이다. '약사若思'는 심정안상沈靜安詳, 즉 마음이 가라앉아 조용하며 편안하고 자상함을 의미한다.

다시 말해서 극기는 마음을 먼저 열고, 그 다음 몸가짐을 보기 좋게 하며, 나아가 법도에 맞게 일을 처신하는 법을 닦는 것이라고 해도 좋을 것이다. 그런 가운데 마음을 가라앉힐 때를 익히면서, 편안하고 자상한 심성을 기르는 것을 극기의 목적으로 삼아야 할 것이다. 그것 자체가 '복례復禮'와 전혀 다를 바 없다. 결국 이는 먼저 스스로의 마음을 열고 닦는다는 점에서 감성 학습의 최고 가치 중의 하나가 될 수도 있는 것이다.

광장

감성 공간으로서의 광장廣場을 이야기하는 것이 타당할 것인가. 광장은, 적어도 우리에게서만큼은 다분히 현대적인 공간이다. 그리고 그것은 집단적 공간이다. 그런 까닭에 개인 감성을 말하거나 그것의 적용을 위해 광장의 개념을 사용하는 것은 다소 불편부당할 수 있다는 점도 사실이다. 그러나 여기서 광장을 이야기하는 까닭은 그것이 오히려 '현대적'이라는 이유 때문이다.

고래로부터 우리에게 있어서 광장은 낯선 개념이었다. 낯설다기보다는 오히려 광장이라는 개념조차 생소했다고 보는 것이 더 타당할 듯하다. 서구에서는 이미 말과 토론의 공간으로서 그리스의 아고라 광장, 정치와 제사의 공간으로서 바티칸 광장 등이 존재했다. 그러나 우리에게는 이러한 공간은 물론 개념조차도 없었다는 의미이다.

굳이 대신 존재했다고 하는 공간을 찾아본다면, 궁궐의 앞마당이나 서민들의 놀이 공간으로서의 '마당' 혹은 '판' 정도가 될 수 있겠지만, 그것들의 기능과 역할은 본래적 의미에서의 '광장'과는 확연히 비교된다. 이는 소통의 양상과 질質의 차이를 의미한다고도 볼 수 있다. 물론 이러한 차이는 감성적 기질의 차이와 다름 아니며, 이러한 기질적 차이가 당대 사회의 정치적, 사회적, 제도적 차이에서 비롯한 것임을 인정하지 않을 수 없다.

그러나 지금 '우리가' 광장을 이야기하는 까닭은 감성적 기질을 만들어내는 제반 환경적 요인들이 '그때의 우리'와는 다른 상황 아래 놓여 있다는 점을 인정하기 때문이다. '광장' 또한 이러한 상황 아래에서 생겨난 현대적 공간이며, 현재적 공간임을 인식하기에, 그것의 역할에 대해서 다시금 생각해 보지 않을 수 없는 것이다.

어떤 현상의 발생은 언제나 다각적이며 또한 우연을 가장한 필연의 결과이지만, 그것의 진상을 목도하는 일은 쉽지 않다. 게다가 그것을 파악하고자 하는 시도 자체 또한 과거에는 매우 어려운 일이었다. 그러한 시도가 집단적일 경우에는 더욱 그러하였다. 그러나 우리에게 '광장'이 생기면서부터 이러한 시도들은 종종 목격된다.

그곳에서 우리는 마음을 열고, 마음을 합치면서 총화된 어떤 것들을 동시에 그리고 집단적으로 발현하고자 한다. 그것이 곧 감성의 공유이며, 그 역동성으로 인한 파급의 효과는 굳이 말하지 않아도 충분히 경험했던 바이다. 그러한 공유와 역동이 가능했던 이유 중의 하나로 우리는 '열린 공간으로서의 광장'을 이야기할 수 있다는 것이다.

따라서 이러한 광장을 통해 우리의 현대적 혹은 현재적 감성을 말하고자 하는 것은 갈수록 심화되는 이기심의 극복을 위해서다. 이러한 이기심조차 왜곡되어 오히려 숨기는 데 익숙해지는 개인들의 보이지 않는 자폐성을 극복하기 위함이다. 열린 공간으로서의 광장은 충분히 그것들을 포용한다. 그 포용이 사람들로 하여금 광장으로 모여들게 하는 이유가 될 수 있다.

집단적 감성 공유의 힘을 즉발적으로 내보일 수 있는 곳, 그 감성적 기질의 차별적 발현이 쉽게 이루어질 수 있는 곳, 또한 그러한 차이를 쉽게 목도할 수 있는 곳이 바로 '광장'이다. 광장에서 사람들은 차이에 굴복하거나 좌절하는 것이 아니라, 오히려 그 차이를 '유쾌하게 즐기는 것'으로 극복해버린다. 그것이 감성 발현의 당위요, 감성 공유의 긍정적 결과라고도 할 수 있다.

우리에게 있어 지금까지 광장은 열리지 않은 것이 아니라 스스로 마음을 열지 않은 사람들에 의해 통제되었다고 본다. 우리의 광장은 본래 그렇게 시작하였기 때문이다. 일제의 강제 동원 공간, 주요 철도역 앞 관제 집회 공간으로서의 광장 등이 그 사례가 될 수 있다. 이때의 광장은 광장이라기보다는 그저 어떤 것에 대한 내림의 공간, 강제의 공간, 보여주기의 공간, 그 이상도 이하도 아니었다. 그때부터 광장은 곧 '통제'를 함의했다.

그러나 이것을 깨는 것 역시 우리 식의 광장, 즉 마당이었다. 좁게는 3·1운동의 아우내 장터가 그러하였고, 동학농민혁명의 황토현이 그러하였으며, 넓게는 광주민주화운동의 해방 광장으로서의 '광주', 즉 도시 전체가 우리 식의 광장이었다. 좁고 넓음을 떠나 이런 곳들에서 우리는 '광장'의 본연적 역할을 알게 모르게 경험하고 축적해왔던 것이다.

지금, 나는 몇 개의 광장을 생각한다. 그리고 그에 대한 기억에서 어떤 힘을 끄집어낸다. 광장을 두고서 벌였던 다툼은 열린 마음과 닫힌 마음 사이에서 비롯한 갈등의 발현이었다. '열린 광장', 그러나 이름뿐인, 조형과 건축으로서의 인위적인 광장은 더 이상 감성적 의미를 갖지 못한다. 비록 그것이 어떤 감상적 매개가 될 수 있을지는 몰라도 광장이 갖고 있던 원초적 역동성의 공간으로서는 더 이상 의미가 없어졌기 때문이다. 광장은, 그래서 우리에게는 더욱 슬픈 공간이다, 적어도 현재까지는.

문학과 글쓰기, 그리고 감성

우리는 감성 연구를 통해 밝혀낸 감성 코드가 사회적으로 나아가 세계적으로 소통의 역할을 할 것으로 기대한다. 그러나 그 역할의 가장 기본적인 수행 방식은 글쓰기이며, 그것의 위상이 고금을 막론한다는 사실에는 주목하지 못하고 있다. 따라서 고전의 글쓰기 방식에 나타난 세계에 대한 인식, 혹은 세계와의 소통 의식은 오늘날의 글쓰기가 지향해야 할 하나의 방향을 제시한다는 사실에 새삼 주목할 필요가 있다.

예를 들어 '외국체험 가사에 나타난 세계 인식과 글쓰기 방식'과 같은 연구는 작가의 글쓰기 방식을 통해 나타나는 세계에 대한 인식과, 그것으로부터 비롯되는 세계와의 소통 욕망에 대한 작가적 감성을 파악할 수 있는 주요한 연구 사례가 될 수도 있을 것이다. 이렇듯 고금을 막론한 글쓰기에 대한 연구는 개인의 기초학습능력의 배양에서부터 개인의 감성이 사회적 차원에서 어떻게 그 역할을 다할 수 있게 하는지에 대한 실용적 측면의 연구가 될 수 있는 것이다.

문학은 기본적으로 글쓰기라는 행위를 통한 결과물이다. 문학을 통해 발현되는 감성은 글쓰기 방식에 의해 직·간접적으로 투사되는 무형의 요소인 것이다. 따라서 글쓰기는 감성의 표현적 측면에 있어 필수적인 연구 영역이 될 수밖에 없다. 게다가 글쓰기는 감성 발현의 직접적 행위라는 점에서 개인 감성의 가장 중요한 사회적 역할을 수행한다고도 할 수 있겠다.

감성은 기본적으로 '심적心的 작용'이라는 측면에서 그것이 가질 수 있는 미적 자질은 무궁하다고 할 수 있다. 그중에서도 현재 가장 활발히 언급되는 부분은 회화적繪畵的 감성일 것이다. 그러나 감성의 회화적 작용은 감각기관에 우선하는 경우가 대부분이다. 문학적 감성 또한 그러하다. 문학이 본질적으로 마음의 눈을 통한 자연과 인생의 문제라고 보고, 그러한 관점에서 감성이 갖고 있는 미적 자질을 살펴야하는 것이다.

예를 들어 국화꽃이 군자로서의 상징을 말한다면, 그것에 대한 절대적 믿음[29]과 더불어 회화적 감성을 투영함으로써 국화

29 여기서 믿음이란 국화가 상징하는 어떤 이념에 대한 이성적 사고 작

가 가지는 지조, 절개 등등의 심상을 확보할 수 있게 되는 것이다. 여기에서 심상 또한 정서를 구축하는 하나의 중요한 요소가 될 수 있다. 다시 말해서 문학이 인간의 정서를 유형화하거나 그 구축 과정을 밝혀줄 수 있는 매개가 될 가능성이 여기에 있다는 것이다.

개인의 분노나 치욕, 슬픔 등의 감정을 보다 고차원적인 인간의 숭고함, 즉 하나의 정서적 측면으로 치환하기 위해서 필요한 것이 바로 어떤 감정적 기제일 것이다. 만약 여기서 그것을 연민이라고 한다면, 이러한 연민이 그 감정들과 어떤 방식으로 결합함으로써 숭고함(정서)으로 치환될 수 있는 것인지를 밝힌다면 감성적인 것들의 역할을 드러낼 수도 있다는 것이다. 따라서 이는 감성 체계를 설명하는 하나의 방식이 될 수도 있다. 더불어 이를 위한 가장 적합한 방식으로 문학작품을 통한 사례의 발굴 또는 글쓰기를 통한 표현 방식의 학습 등을 들 수도 있겠다.

이러한 사례 중의 하나로 양태순[30]은 문학, 특히 시조와의 연관성 측면에서 인간의 의식을 이성과 감성 그리고 지각이라는 3분법으로 나누어 설명한 바 있다. "지각은 구체적 대상을

용을 말한다.

30 양태순, 『한국고전시가의 종합적 고찰』(민속원, 2003), 408쪽.

그 자체로 있는 그대로 보는 의식이고, 이성은 구체적 대상을 일반화 추상화시킨 의미로 파악하는 의식이며, 감성은 그 양자 즉 이성과 지각, 의미와 대상을 통합하는 의식"이라고 하였다. 이러한 관계 양식은 대상이 무엇이냐에 따라 달라질 수 있다고도 하였다.

즉, "그 중심적인 대상을 인간으로 놓고 보면 이는 인간관의 문제가 된다. 지각에 의할 때, 인간은 구체적 대상으로서 육체적 존재로서의 인간이다. 이성에 의할 때, 인간은 추상적 의미로 관념적 존재로서의 인간이다. 감성에 의할 때, 육체와 정신이 통합된 개별적 구체적 인간이다. 여기서 존재 차원에서의 인간과 의미 차원에서의 인간이 통합된 살아 있는 인간이 인정된다. 육체와 정신이 통합된 구체적 개별적 인간은 이처럼 감성에 의해 파악된다."고도 하였다.

감성과 인간, 그리고 자연과의 관계에서 보자면 그에게 있어 감성은 적어도 인간과 자연의 합일을 위한 주요 매개가 된다. 감성 작용의 바람직한 관계상이라고도 할 수 있다. 그의 진술은 다음과 같다.

> 중심적인 대상을 자연으로 놓고 보면 자연관의 문제가 된다. 이성에 의할 때, 자연은 추상적 의미의 도구일 뿐이고 인간과 자연은 엄격히 분리되며, 지각에 의할 때, 인간은 인간이

고 자연은 자연 그대로의 자연이다. 감성에 의할 때, 자연(대상)과 인간(의미)는 하나가 된다. 의식 주체인 인간과 의식 대상인 자연의 거리를 기준으로 볼 때, 이성의 경우는 분리, 감성의 경우는 합일, 지각의 경우는 조화로 규정할 수 있으며 이것은 위에서 말한 수직적, 수평적, 자연적인 속성과 일치되는 것이다.

그렇다면, 감성의 표현적 측면에서 문학 작품을 논한다고 할 때, 작품은 어떤 감성적 요인에 의해 제작되었을 가능성이 높을 것이며. 이때 감성적 요인은 감수성에 의해 발현되는 것일 수도 있다. 이러한 감수성이 어떤 대상 특히 자연이었음은 이미 주지한 바와 같다. 또한 이렇게 발현된 감성의 표현으로서의 문학 작품은 타자의 감성 혹은 감수성을 자극하는 선순환 구조를 생성한다. 이것이 문학으로 감성을 바라보려는 하나의 중요한 이유이다.

문학 작품은 작가의 생각과 느낌, 경험 등 다시 말해 정서적인 것들과 이성적인 것들의 종합 작용으로써 생겨나는 것은 분명하다. 그리고 이것이 타자의 감수성을 자극할 수 있기에, 또한 그러한 감수성은 그의 감성을 좌우하는 요소가 되기에, 적어도 문학에서만큼은 이들을 모두 포괄하는 개념으로서의 감성을 말해야 할 것으로 생각된다.

이런 경우 문학적 감성 발현 기제로서의 '믿음'은 유효적절한 개념이 될 수 있다.

> 문학은 구체적이고 특이하며 살아 있고 구현된 방식으로 일하며, 그에 관한 의견들이 믿음을 형성한다. (중략) 모든 허구적 이야기에서 인물이나 그의 행동을 보는 행위는 아리스토텔레스가 말한 화자 '디아 아판젤리아스'의 이야기에 따라 우리에게 항상 간접적으로 발생한다. 화자는 통고하는 사람, 중개자, 중재인, 신의 사자(안젤로스)이다. 우리는 이 벗겨냄, 이거리, 지드가 말한 이 '이스트레인지먼트[소외]'에 익숙해진다. 우리는 우리의 의견들, 믿음들의 자명함이 그것들의 친숙함에서 온 것임을 간파한다. 우리 자신이 타인이 되어 불안해하고 자기 자신이 낯설어질 때, 타인들의 믿음의 거울에 우리 자신의 믿음, 민감하고 일시적인 사랑의 확신들에 대한 우리의 동의가 비치고 변형될 때 그 자명함은 약화된다.[31]

이 글은 믿음을 기제로 삼은 문학의 역할을 대변한다. 주체와 타자와의 간극을 문학을 통한 믿음으로써 좁혀갈 수 있으며, 그 믿음에 대한 동의가 이루어질 때 비로소 완전하게 소외

---

31 다니엘 살라브, 김교신 옮김, 『문학은 무슨 소용이 있는가?』(동문선, 2003), 78~79쪽.

에서 벗어날 수 있다는 말이다. 소외에서 벗어난다는 의미는 타자와의 완벽한 소통을 뜻하며, 그 기저가 바로 믿음인 것이다. 여기에서 문학은 믿음의 절대적인 도구가 된다. 결국 문학은 믿음이라는 감성적 기제를 통해 타자와의 소통을 가능하게 하고, 감성의 공유를 만들어내는 최고의 그릇이 될 수 있는 것이다.

그럼에도 불구하고 우리는 몇 개의 고정화된 문학담론에서 벗어나지 못하고 있다. 이를테면, 서정시란 주관적인 의지나 감성을 표현하는 양식이라고 하는 담론들이 대표적인 사례이다. 과연 이러한 진술은 그 타당성을 인정받을 수 있을 것인가? 혹은 감성에 대한 문학적 천착이 있은 후에라야 비로소 판단할 수 있는 문제라고 자위하고 말 것인가?

이러한 진술에서 적어도 '의지'라면 몰라도, '감성'에 대해서는 다시금 성찰할 필요가 있다고 본다. 감정 혹은 정서 등이 감성이 아니라는 의미가 아니다. 단지 감성을 주관적인 것으로만 국한지어 설명해서는 곤란하다는 것이다. 감성이 개인에 의해, 그리고 주관적으로 발현될 수도 있지만, 거기에는 개별적 감정뿐만 아니라 감정 상황들의 경험 내지 학습의 축적에서 비롯한 이성적 사고, 혹은 이성적인 것들까지 포함시켜 발현될 수 있는 것이기 때문이다.

근대 시학의 관점에서만 보자면, 서사시나 교술시는 감성의 발현태일 수 없다. 감성의 시학적 그릇은 서정시이기 때문이다. 그것은, 앞서 말한 대로 감성을 지극히 주관적인 어떤 것으로 파악하려는 의도에서 비롯한다. 그러나 이들 역시 얼마든지 감성의 발현태로 이해할 수 있다. 앞 절에서 '표출'과 '발현'에 대해 이야기한 바 있다. '표출'이라는 단어로만 시를 이해한다면 그것은 설명 불가능한 문제가 될 수 있겠지만, 발현으로서의 감성을 이해한다면 충분히 설명 가능한 문제가 될 수 있다.

따라서 시라는 동일한 틀 안에서 구성되는 내용이 어떤 방향으로 스펙트럼을 형성하는지 면밀하게 구분해 내는 일이 감성 발현태로서의 시라는 양식을 좀 더 정확히 설명해 줄 수 있을 것으로 기대한다. 즉, 감성이 작품에서 어떤 방향으로 발현되느냐는 기본적으로 작가의 몫이며, 더불어 감성 발현태로서의 작품의 완성은 전적으로 수용자의 감수성에 의존해야 한다는 것이다.[32]

결국 우리는 지금 서정의 그릇으로서의 시 안에서도 얼마든지 감정이나 정서 그리고 이성적인 것들을 상호 공유할 수 있

32 아주 특별한 경우, 우리는 감성이 완전하게 배제된 시를 목격하기도 한다. 그러한 대표적인 사례가 선시(불교한시)라고 할 수 있다. 선시는 감성이 완벽하게 배제되었다고 여기는 경우에도 불구하고, 물론 그렇지 않은 경우가 대부분이기는 하지만, '시'의 모습을 잃지 않고 있다는 점에서 주목할 만한 연구 분야가 될 수도 있을 것이다.

다는 데 동의하지만, 그 구별에 있어서는 어떤 새로운 틀을 창안해야 하는 고민에 직면에 있는 것이다. 그리고 그 고민의 한 흔적으로 감성의 표출이 아닌 '감성의 발현태'를 말하고자 하는 것이다. 예를 들어 감정 혹은 정서적인 것들의 통섭에 의한 감성의 발현태로서의 서정시를 말할 수 있고, 이성적인 것들의 통섭에 의한 감성의 발현태로서의 교술시를 말할 수도 있다는 것이다. 또한 두 발현태의 상호 배제나 습합을 통해 서사시를 말할 수도 있다는 것이다.

여백과 여백의 미

예술적 측면에서 여백餘白이란 종이 따위에, 글씨를 쓰거나 그림을 그리고 '남은 빈자리'라는 개념보다는 '남긴 자리'라는 개념으로 보는 것이 오히려 타당하다. 남긴 자리는 그야말로 비어 두기 위함이요, 그것은 비어 있음으로 해서 더욱 아름다워지는 것을 의미하기 때문이다. 간혹 지성적 관점에서 이 비어 있음은 종종 아름답지 못함으로 간주되기도 한다. 그러나 감성적 관점에서라면 비어 있지 않아서 아름답지 못하게 되는 경우가 오히려 더욱 많다. 열린 상황에서 오는 역동성을 배제하기 때문이다.

미완의 이념은 자연적으로 있는 그대로의 상태를 그저 수

> 동적으로 받아들이려는 결핍된 어떤 형태를 말하는 게 아니다. 오히려, 불완전성을 적극적 가능성으로 변용시키고, '무無'와 '비어 있음'을 잠재적 형태요소Gestaltungselemente로 이해할 필요가 있다. 이러한 적극적인 기능을 분명히 하기 위해서는 단순성의 범주가 갖는 '내용'이나 '관계'에 관한 의미를 이해할 필요가 있다. '무無'나 '비어 있음'은 무엇보다도 내용적으로 단순함을 말한다. 뿐만아니라 관계적으로 열려있음을 뜻한다.[33]

이 인용문은 '비어 있음'에 관한 열린 관계에 대해 다시금 주목하게 해준다. 내용적으로 복잡하고 합리적이며 충만하다고 해서 그것이 정말 아름다운 것이라고 말할 수는 없다. 그와 반대로 단순하다거나 비합리적이어서, 혹은 충분히 가득 차 있지 않다고 해서 아름답지 못하다고 말할 수는 없을 것이다. 오히려 단순한 내용과 그 주변의 '비어 있음' 혹은 '열려 있음'이 상호 상승 작용을 일으켜 어떤 감성적 기제를 촉발시켜 더욱 아름다워질 가능성이 높다고 본다. 이러한 기제들의 수용이 감상자들의 감수성의 질質과 관련 있음은 물론이다.

그러나 단순히 비어 있거나 열려 있다고 해서 여백이 무조건적으로 감성을 촉발하는 어떤 기제가 될 수 있는 것은 아니다.

---

33 김중순, 「한국문화의 미적 가치 개념에 대한 도가적 해명」, 『한국학논집』 제36집(계명대학교 한국학연구원, 2008), 403쪽.

여백이 감성 기제로서의 역할을 수행할 수 있게 하는 어떤 범주나 기준의 설정이 필요하다는 의미이다. 그런 점에서 감성 발현의 메커니즘과 여백과의 관계를 어떤 식으로든 설정해야 하는 문제가 새롭게 대두된다. 확신하기에는 다소 어려움이 있지만, 여기에 동양 철학의 이론, 예를 들어 불가佛家의 공사상空思想이나 유가儒家의 음양오행사상陰陽五行思想 등의 이론을 적용해보면 어떨까 한다.

불가의 공사상은 '무無'나 '공空'과 관련하여 '불이不二'와 관련된다. 작품을 지배하는 여백은 작품에 표현된 그 어떤 것과도 결코 다른 존재가 될 수 없다. 존재하는 어떤 것은 존재하지 않는 어떤 것과 다르다고 말할 수 없는 것은 존재하지 않는 어떤 것이 가지고 있는 열린 가능성 때문이 아니겠는가. 그 열린 가능성이 바로 여백인 것이다. 여백이 어떤 형태로든 감성적인 것들이 될 수 있는 까닭은 바로 그 열린 가능성 때문이라고도 할 수 있는 것이다.

여백은 시간과도 관련이 있다. '기다림'은 어떤가. 최소한의 인위, 즉 인간의 개입이 있은 이후 나머지는 모두 자연에 위임한다. 그리고 자연에 위임한 나머지, 그것이 바로 여백, 혹은 비워 두기가 아닐까 한다. 이러한 기다림에 의한 여백은 결국 그것 그대로 채워짐 혹은 채워질 수 있음을 의미한다. 결국 기다림 그 자체가 완성이라는 뜻이다. 한국의 음식과 도자문화陶

瓷文化는 그 대표적 사례 중의 하나이다.

우리 음식에 빠지지 않고 첨가되는 장은 기다림이 없이는 결코 이루어질 수 없는 양념이다. 오랜 시간의 삭임, 즉 기다림으로 우리는 '묵은 맛'을 만들어낸다. 도자문화陶瓷文化 또한 특별하다. 도자의 모양과 문양은 사람의 손을 거치지만, 그 도도한 색의 미는 장인의 불 때는 솜씨라기보다는 '불 때[시時]'를 기다리는, 어쩌면 자연이 가져다주는 천운天運 같은 것일 수도 있다. 그래서 그것은 일종의 기다림이 될 수 있는 것이며, 기다림의 미학美學으로 승화될 수도 있는 것이다.

여하튼 여백은 한국의 대표적인 미적 자질의 하나로 평가되어 왔다. 그러한 미적 자질이 자연과 인간 사이의 동화同化에서 비롯되었음은 주지의 사실이다. 또한 그것은 분명 정서 표현의 한 방식이라고도 할 수 있다. 그렇다면 정서를 구축하는 감정들 사이의 여백 또한 그러한 역할을 담당하지 않을까 추측해 볼 수 있다. 즉, 감정들 사이의 여백을 어떤 방식으로 스펙트럼화 할 수 있는가는 어떠한 정서적 자질을 형성하게 하는가와 밀접한 관련이 있을 것으로 보인다.

사대부의 감성, 물아일체

천지여아병생天地與我竝生, 이만물여아위일而萬物與我爲一

천지는 나와 함께 나고, 만물은 나와 더불어 하나가 된다.[34]

물아일체物我一體란 외물外物과 자아, 객관과 주관, 또는 물질계와 정신계가 어울려 하나가 되는 것을 의미한다. 그러나 그 하나가 된다는 것에 방점을 찍을 필요는 없다. 본디 물아일체의 경지에 이르고자 했던 것은 자기 자신을 비우기 위함이었다. 그렇게 하여 빈 마음에 채우고자 했던 것은 바로 도道였기 때문이다. 그래서 물아일체를 논하고자 한다면 그 '일체'의 이

34 『莊子』, 〈제물편〉.

면에 있는 마음 작용에 방점을 두어야 하는 것이다.

물아일체는, 그래서 마음의 여백과도 관련이 깊다. 무언가 가득 찬 마음으로 세계(혹은 자연)와 일체가 되기는 어렵다. 그것이 객관화된 어떤 관념이나 불변의 사고라면 더욱 그러할 것이다. 세계는 주체가 자신이 세계의 일부임을 자각할 때 비로소 일체로서의 그 모습을 드러낸다. 또한 그 자신의 자각이 이루어졌을 때 주체의 마음에 비로소 여백이 생겨나는 것이기도 하다.

물아일체의 실체적 현상을 보기는 어렵지만, 옛 선인들의 흔적에서 그 일단을 찾아볼 수는 있다. 시조 작품이 대표적인 사례이다.

> 말 업슨 청산靑山이오 태態 업슨 유수流水로다
> 갑 없는 청풍淸風이오 임자 업슨 명월明月이라
> 이 듕에 병病 업슨 이 몸이 분별업시 늘그리라.

이 작품은 조선시대 성리학자인 성휘(1535~1598)가 노래한 것이다. 언뜻 보면 화자의 독백이 작품을 지배하고 있는 듯 보인다. 그러나 좀 더 세밀하게 읽으면 그 안에서 대화를 시도하는 화자를 엿볼 수 있다. 대화의 상대는 드러나 있지 않은 듯하지만, 실은 '말 없는 청산'과 '태 없는 유수'가 화자의 대화 상대이다. 그것을 가능하게 해주는 것이 바로 물아일체의 본질이다.

예로부터 선비들은 자연을 인식의 대상이 아닌 자신의 투영체로 보고자 하는 경우가 많았다. 따라서 자신의 하는 말이라면 여과 없이 자연에 투영되리라 믿었고, 자연 또한 그를 받아들이는데 어색함이 없을 것이라는 관념이 일반적이었다. 상호간의 어떤 친숙함이 전제되어 있었다는 말이다. 이러한 친숙함이 바로 물아일체의 경지에 들게 하는 매개였다고 할 수 있다. 이런 경지는 특히 시조에서 두드러진다.

> 성리학이 산수를 매개로 했을 때, 물아일체物我一體를 추구했다. 물아일체는 인물성동론人物性同論과 접맥되었는데, 대체로 인성과 물성이 동일하다는 인식에서 출발한 것 같다. 물아일체는 무아론無我論에 근거한다. '무아'는 사적인 감성적인 서정을 배격하고, 작가의 인성과 산수의 물성을 합치하는 데 목적이 있다. 그리하여 그들은 강호를 단선적인 미적 자연에서, 선善과 진眞의 경계로 격상시키고자 했다. 강호에서 진락眞樂을 얻는다는 것은 이 같은 경지에 진입한다는 의미이다.[35]

성리학은 조선 선비들의 주류 사상이었다. 또한 그 사상이

35 이민홍, 「山水와 時調學, 그리고 性情美學」, 제6차 한국시조학회 전국학술발표대회 발표집, 2009, 8쪽.

고도의 형이상학이었음은 부인할 수 없다. 시조라는 문학 장르는 이러한 사상을 받아들이는 데 있어서도 거리낌이 없었다. 회고懷古나 훈민訓民으로부터 시작되었던 시조는 성리학을 만나면서부터 더욱 강한 감성적 기제를 확보할 수 있었다.

주제적 측면에서 시조에 관해 "시조와 성리학의 만남은 주제의식에서 감상적이거나 퇴폐적인 면을 약화시켰을 뿐 아니라, 전아典雅한 품격으로 그 미학적 차원을 높이는데 기여"[36]했다는 평가가 있다. 이는 시조가 가지고 있던 평면적 주제 구성이 어떠한 의도 아래 입체적 구성으로 바뀌었다는 것을 의미한다.

물론 그러한 의도가 성리학적 목적과 무관하리라 여겨지지는 않는다. 하지만 작품 자체를 두고 보자면 '대상으로부터 멀어져 있던 시적 화자가 대상과 합일되는 경향'으로 나아가려 했다는 점을 주목하지 않을 수 없다. 그것은 비록 성리학적 영향에서 비롯되었겠지만, 그와 더불어 작자 자신의 몰입을 적극적으로 표현하려는 과정에서 발생하였음도 부정할 수 없다.

문제는 이러한 '물아일체'의 본질을 감성적 차원에서 어떻게 보아야 하느냐이다. 작품 자체를 통해 무언가를 느끼고자 하는 독자들의 특정한 감상의 경지일 것이냐, 아니면 작자들이 추구했던 마음 상태의 한 경지이냐를 따지는 일반적인 문학 비평의

36 이민홍, 앞의 글, 3쪽.

문제를 떠나, 작품을 통해 작자의 의도와 독자의 합일을 이끌어낼 수 있는 어떤 매개를 찾는 문제인 것이다.

작자는 작품을 통해 자연과의 합일을 이룬 자신의 어떤 경지에 만족하는 것만 그치지 않는다. 오히려 합일을 이루기까지의 마음 발현의 과정; 감정과 감정 사이들의 소통과 배제의 과정, 나아가 투쟁의 과정을 통해 획득되는 어떤 경지를 비로소 표현할 수 있었다는 데에서 만족을 느끼게 되는 것이다.

따라서 그들은 그러한 과정을 극복하는 매개로서 물아일체의 사상을 수용하고 그것을 통하여 자신이 의도하는 바를 성취해내고자 했다. 그리고 독자들은 작품을 통해 나타나는 표면적 의취, 이를테면 강호가도江湖歌道 같은 것뿐만 아니라 그에 이르게 하는 기제, 즉 물아일체에 의해 발현되는 마음 상태의 전 과정에 동승하게 되는 것이다. 그런 의미에서 물아일체는 결국 쓰기 행위의 전 과정에서 수용될 수밖에 없었던 선비들의 감성 발현 기제요, 양질의 감수성 기제라고도 볼 수 있는 것이다.

| 참고문헌 |

『論語』.

『莊子』.

김기홍, 「感情槪念의 定義」, 『언어와 언어학』 제19집, 한국외국어대학교 언어연구소, 1993.

김대행, 『웃음으로 눈물 닦기』, 서울대학교 출판부, 2005.

김대행, 『고려시가의 정서』, 개문사, 1985.

김중순, 「한국문화의 미적 가치 개념에 대한 도가적 해명」, 『한국학논집』 제36집, 계명대학교 한국학연구원, 2008.

金載衡, 「感性의 美學的 考察」, 『論文集』 제4집, 호남대학교, 1984.

김홍수, 「'좋다' 구문의 통사와 의미」, 제20회 전국국어국문학연구발표대회, 국어국문학회, 1987.

류연석, 『시조와 가사의 해석』, 역락, 2006.

마광수, 「카타르시스의 實體的 效用에 관한 硏究」, 『연세논총』 24, 연세대학교 대학원, 1988.

박민일, 「아리랑의 精神史」, 『강원문화연구』 제7집, 강원대학교 강원문화연구소, 1987.

배행자·이인선, 「호감(Attraction)의 개념분석」, 『정신간호학회지』 제13권 제3호, 정신간호학회, 2004.

서원섭, 『시조문학연구』, 형설출판사, 1979.

안형관, 김상은, 『소외와 정의-K.Marx와 J.Rayls를 중심으로』, 이문출판사, 1989.

양태순, 『한국고전시가의 종합적 고찰』, 민속원, 2003.

윤형덕, 「韓國詩歌의 情恨에 대한 硏究 - 가시리, 진달래꽃, 아리랑을 중심으로」, 『충주산업대학교논문집』, 충주대학교, 1996.

이광세, 『동양과 서양 두 지평선의 융합』, 도서출판 길, 1998.

이구형, 「감성과 감정의 이해를 통한 감성의 체계적 측정 평가」, 『한국감성과학회지』 Vol.1, 한국감성과학회, 1998.

이규태, 『한국인의 힘 2』, 신원문화사, 2009.

이민홍, 「山水와 時調學, 그리고 性情美學」, 제6차 한국시조학회 전국학술발표대회 발표집, 2009.

李舜堯·梁瑄模 共著, 『가상현실형 감성공학』, 淸文閣, 2006.

장승욱, 『재미나는 우리말 도사리』, 하늘연못, 2002.

정호완, 『우리말의 상상력』, 정신세계사, 1991.

최상진, 「한국인과 일본인의 '우리'의식 비교」, 한국심리학회 연차대회 학술발표논문초록, 1993.

최상진, 유승엽, 「한국인과 일본인의 '情'에 관한 심리학적 비교 분석」, 『인문학연구』 제21집, 중앙대학교 인문과학연구소, 1994.

최상진, 최수향, 「정의 심리적 구조」, 한국심리학회 연차대회 학술발표논문초록, 1990.
최준식, 『한국의 종교, 문화로 읽는다』, 사계절, 1998.
다니엘 살라브, 김교신 옮김, 『문학은 무슨 소용이 있는가?』, 동문선, 2003.

지그문트 프로이트 지음, 김양순 옮김, 『정신분석입문 / 꿈의 해석』, 동서문화사, 2007.
John I. Saeed 지음, 이상철 역, 『최신 의미론』, 한국문화사, 2004.
줄리아 크리스테바 저, 서민원 옮김, 『공포의 권력』, 동문선, 2001.
Keltner & shiota(2003), p.89. James W. Kalat, Michelle N. Shiota 지음, 민경환 외 옮김, 『정서심리학』, 시그마플럿, 2007.
行場次朗·箱田裕司 編著, 조경덕·남기춘 공역, 『지성과 감성의 심리학』, 웅보출판사, 2002.

전남대학교 호남학연구원 인문한국사업단 홈페이지.
『브리태니커』 전자사전.
〈한겨레신문〉, 09.08.12.

* 이 글에 실린 단상 중 일부 내용은 「두려움으로부터의 소외, 감성」(『현대문학이론연구』 37, 2009), 「감성의 발현과 그 방식, 파장 혹은 스펙트럼」(『감성연구』 1, 2010) 등의 연구성과에 주요 진술로 게재된 바 있습니다.